Wolfram Cremer

Soziale Kriterien und EU-Beihilfenrecht
Zugleich zur sozialen Dimension der EU-Verträge

HSI
Hugo Sinzheimer Institut
für Arbeits- und Sozialrecht

Das HSI ist ein Institut
der Hans-Böckler-Stiftung

Band 58
HSI-Schriftenreihe

Soziale Kriterien und EU-Beihilfenrecht

Zugleich zur sozialen Dimension der EU-Verträge

Wolfram Cremer

BUND
VERLAG

Bibliografische Information der Deutschen Nationalbibliothek
Die Deutsche Nationalbibliothek verzeichnet diese Publikation
in der Deutschen Nationalbibliografie; detaillierte bibliografische Daten
sind im Internet über *http://dnb.d-nb.de* abrufbar.

Umschlaggestaltung: A&B one Kommunikationsagentur GmbH, Berlin
Satz: Reemers Publishing Services GmbH, Krefeld
Druck: CPI books GmbH, Birkstraße 10, 25917 Leck

ISBN 978-3-7663-7607-7

kontakt@bund-verlag.de
www.bund-verlag.de

Vorwort

Um den Ausstoß an Treibhausgasen zu verringern und Nachhaltigkeitsziele zu erreichen, setzt der Gesetzgeber auf gezielte staatliche Investitionen und Beihilfen für klimafreundliche wirtschaftliche Tätigkeit. Anfang 2025 wurde im neu eingeführten Art. 143h GG ein „Sondervermögen" für zusätzliche Investitionen zur Erreichung der Klimaneutralität in Höhe von 500 Milliarden Euro verankert. Auch für den Klima- und Transformationsfonds stehen zusätzlich 100 Milliarden Euro zur Verfügung.

Damit staatliche Förderung nicht ungesicherten Arbeitsbedingungen Vorschub leistet, liegt es nahe, diese an soziale Kriterien zu binden oder unternehmerische Tätigkeit, die Arbeitsstandards wahrt, bei der Gewährung von Beihilfen zu privilegieren. In Betracht kommen beihilferechtliche Erleichterungen, wenn eine tarifliche Vergütung gezahlt wird, wenn betriebliche Mitbestimmung stattfindet oder Arbeitsplatzsicherheit garantiert wird.

Prof. Dr. Wolfram Cremer, Ruhr-Universität Bochum, untersucht den unionsrechtlichen Rahmen für soziale Kriterien von Beihilfen der Mitgliedstaaten oder der EU. Er geht hierbei ganz grundlegend von der sozialen Dimension aus, die im Unionsrecht angelegt ist. Er kommt zu dem Ergebnis, dass das Unionsrecht keine unüberwindbaren Hürden für eine solche soziale Konditionalität von Beihilfen errichtet.

Frankfurt a. M. im Juli 2025 Ernesto Klengel

Inhaltsverzeichnis

A. Einführung

Das Gutachten widmet sich der unionsrechtlichen Bewertung hoheitlicher, namentlich von den EU-Mitgliedstaaten und der Union selbst vergebener Zuwendungen an Unternehmen mit einem Fokus auf eine soziale Dimension solcher Zuwendungen.

Bzgl. mitgliedstaatlicher Zuwendungen ist das EU-Beihilfenrecht zentral. Diesbezüglich wird erstens in den Blick genommen, ob bzw. welche ausschließlich oder jedenfalls primär sozial ausgerichteten mitgliedstaatlichen Zuwendungen EU-beihilfenrechtlich privilegiert sind, und zweitens, ob und inwieweit eine soziale Imprägnierung von Zuwendungen mit (primär) anderer Zielstellung beihilfenrechtlich honoriert wird. Eine Privilegierung bedeutet in diesem Kontext, dass eine Beihilfe wegen ihrer Sozialität überhaupt oder mit einer höheren Beihilfenintensität zulässig ist.

Die beihilfenrechtliche Bewertung sozial imprägnierter Zuwendungen ist als rechtsnormatives Element in die aktuelle Debatte über die (notwendige) soziale Dimension der Transformation einzubringen. Denn vor dem Hintergrund gravierender als unausweichlich wahrgenommener, weil exogen bestimmter bzw. bedingter, wirtschaftlicher Transformationsprozesse – genannt seien Globalisierung, Digitalisierung, Automatisierung, Künstliche Intelligenz und Dekarbonisierung – wird (auch) in Europa nur noch selten in Frage gestellt, dass „die Wirtschaft" hoheitlicher Hilfe bedarf, und zwar sowohl staatlicher als auch supranationaler Provenienz. Vielfach gefordert werden dementsprechend hoheitliche Zuwendungen an Unternehmen, um ihre Transformationstauglichkeit zu befördern und möglichst langfristig zu sichern. Allerdings bedürfen Zuwendungen als Beihilfen im Sinne des EU-Beihilfenrechts einer Rechtfertigung nach Maßgabe der einschlägigen Regeln. Prototypen für eine soziale Imprägnierung sind Standort-, Arbeitsplatzerhaltungs- sowie Tariftreuezusagen des begünstigten Unternehmens, deren Gewährung notwendige Bedingung für die Zulässigkeit einer „Transformationsbeihilfe" sind. Als Beispiel für ein dementsprechendes Konstrukt lässt sich etwa die Unternehmensunterstützung im Rahmen der Preisbremsen für Gas und Strom 2021 anführen, welche an eine Arbeitsplatzerhaltungspflicht gebunden wurde.[1] In jüngerer Zeit diskutiert bzw. vorgeschlagen[2] wurde zudem im Kontext sog. „Klimaschutz-

1 Vgl. Gesetz zur Einführung einer Strompreisbremse vom 20.12.2022 (BGBl. I, S. 2512); Gesetz zur Einführung von Preisbremsen für leitungsgebundenes Erdgas und Wärme vom 20.12.2022 (BGBl. I, S. 2560, 2894); jeweils zuletzt geändert am 26.07.2023 (BGBl. I Nr. 202).

2 Vgl. BMWK, Fördererrichtlinie Klimaschutzverträge – FRL KSV, Entwurf vom 06.06.2023.

verträge" eine Förderung von klimaneutralen Produktionsverfahren, welche an die Bedingung eines tragfähigen Konzepts zum Standorterhalt und zur Beschäftigungssicherung geknüpft war. Solche Modelle mögen in der 2025 beginnenden Legislaturperiode (in modifizierter Form) wieder aufgegriffen werden. Gleiches gilt für den Vorschlag sozial konditionierter sog. „Brückenstrompreise" für die energieintensive Industrie.[3] Nimmt man die aktuelle beihilfenrechtliche „Rechtssetzung" auf der Unionsebene in den Blick, werden die Mitgliedstaaten in dem bis zum 25.04.2025 zur Abstimmung vorgelegten Entwurf eines Unionsrahmens für staatliche Beihilfen zur Unterstützung des sog. „Clean Industrial Deals" (Clean Industrial Deal State Aid Framework) aufgefordert, u. a. sozialpolitische Zielstellungen einzubringen.[4]

Die Frage einer unionsrechtlich zulässigen, indizierten oder gar gebotenen Privilegierung sozial ausgerichteter oder jedenfalls sozial imprägnierter, insbesondere transformationsgetriebener, Zuwendungen an Unternehmen stellt sich gleichermaßen für Zuwendungen unionaler Provenienz. Auch diesbezüglich wird das (weniger leicht zu identifizierende) einschlägige unionsrechtliche Regime durchgesehen und gewürdigt.

Eine belastbare unionsrechtliche Beurteilung mitgliedstaatlicher sowie unionaler „Sozialbeihilfen" erfordert freilich zunächst eine grundlegende Analyse der wirtschaftlichen und sozialen Grundlagen des EU-Primärrechts, denn nur im Anschluss an eine solche lassen sich profunde Aussagen zur Auslegung der einschlägigen unionsrechtlichen Zuwendungsrechtsregime sowie zur ggfs. gebotenen oder jedenfalls indizierten Ausgestaltung derselben treffen.

Demgemäß wird in einem ersten Grundlagenteil (B.) untersucht, ob dem primären Unionsrecht – wie in der Literatur vielfach angenommen – eine (strenge) marktwirtschaftliche Prägung und daran anschließend eine dementsprechend ausgerichtete EU-Wirtschaftsverfassung zu Grunde liegt – mit Konsequenzen für die Auslegung des gesamten Unionsrechts und nicht zuletzt für den Umgang mit Ermessensspielräumen der Verwaltung, etwa der Kommission bei der Anwendung von Art. 107 Abs. 3 AEUV.

---

3 BMWK, Wettbewerbsfähige Strompreise für die energieintensiven Unternehmen in Deutschland und Europa sicherstellen, Arbeitspapier vom 05.05.2023.

4 DRAFT COMMUNICATION FROM THE COMMISSION, Framework for State Aid measures to support the Clean Industrial Deal, Rn. 15, *https://competition-policy.ec.europa.eu/document/download/45b532ce-53fb-4907-975c-79edaa31a166_en?filename=2025_CISAF_draft_EC_communication.pdf* (zuletzt aufgerufen 09.04.2025).

Im Anschluss an diesen wirtschaftsverfassungsrechtlichen Grundlagenteil und die diesbezüglichen Befunde wird der Blick in einem zweiten Grundlagenteil (C.) gewissermaßen geweitet und auf das primärrechtliche Zielgemenge insgesamt ausgerichtet. Die dahinterliegende rechtsdogmatische Fragestellung – deren Bearbeitung weiterführend in den beiden nachfolgenden Teilen D. und E. erfolgt – lautet, inwiefern die zentralen Zielsetzungen des primären Unionsrechts Relevanz für die Unionsrechtssetzung sowie die Auslegung und Anwendung beanspruchen können.

Der dritte Teil des Gutachtens (D.) ist der unionsrechtlichen und namentlich beihilferechtlichen Bewertung einer sozialen Ausrichtung respektive Konditionierung mitgliedstaatlicher Zuwendungen an Unternehmen gewidmet. In diesem Teil wird sowohl das EU-Primärrecht nach den Art. 107-109 AEUV als auch das sekundäre und tertiäre EU-Beihilfenrecht in den Blick genommen. Insoweit geht es einerseits um eine Befundung des EU-Beihilfenrechts unter Einschluss der Rechtsprechung der Unionsgerichtsbarkeit und andererseits um das Aufzeigen von unionsrechtlich möglichen oder gar indizierten Spielräumen im Interesse einer Stärkung der sozialen Dimension unter Einbeziehung der Ergebnisse aus den Teilen B. und C.

Der vierte Teil des Gutachtens (E.) behandelt sodann unionale (über die Mitgliedstaaten vermittelte) Zuwendungen an Unternehmen unter dem Blickwinkel ihrer sozialen Ausrichtung respektive Konditionierung. Im Anschluss an eine Befundung des einschlägigen Primarrechts wird der Rezeption dieser Vorgaben im Sekundärrecht, namentlich in dem wichtigsten sekundärrechtlichen Umsetzungsakt, der horizontalen Dachverordnung für die Struktur- und Kohäsionspolitik, nachgegangen. Die Analyse erfolgt wiederum unter Einbeziehung der zuvor in den Teilen B. und C. entfalteten zentralen Zielvorgaben des EU-Primärrechts. Schließlich wird gezeigt, dass gerade die Sozialpartner aufgerufen sind, in diesem Zusammenhang ihre politischen Vorstellungen einzubringen, welche zugleich unionsrechtlich – das sei an dieser Stelle vorweggenommen – nach Maßgabe der hier entfalteten primär- und sekundärrechtlichen Ziele und Vorgaben unterfüttert werden können.

B. EU-Wirtschaftsverfassung: Primärrechtlicher Befund und normative Bedeutung

Wie eingangs skizziert wird in diesem Teil des Gutachtens untersucht, ob für das primäre Unionsrecht eine bestimmte wirtschaftspolitische Ausrichtung diagnostiziert und ggfs. daran anschließend auf eine dementsprechend geprägte EU-Wirtschaftsverfassung geschlossen werden kann, welcher sodann eigenständige normative Relevanz zuzusprechen ist.

I. Erläuterung und Präzisierung des Untersuchungsgegenstands

Dass hier im Hinblick auf eine „EU-Wirtschaftsverfassung" nicht alle wirtschaftsrechtlichen Normen unionsrechtlicher Provenienz unter Einschluss des gesamten Sekundär- und Tertiärrechts in die Betrachtung einbezogen werden, sondern allein das wirtschaftsbezogene EU-Recht im Rang des Primärrechts, ist insbesondere der rechtsdogmatischen Ausrichtung dieses Gutachtens und namentlich dieses Grundlagenteils geschuldet. Denn wie bereits angedeutet wird in der Literatur teils angenommen, dass die (marktliberale) Prägung des wirtschaftsbezogenen EU-Primärrechts als EU-Wirtschaftsverfassung die Auslegung und Anwendung abgeleiteten Unionsrechts sowie die Auslegung einzelner Normen des EU-Primärrechts zu beeinflussen vermag. Letzterem liegt die Annahme zu Grunde, dass die Summe der Einzelteile des geschriebenen primären EU-Wirtschaftsrechts ein System begründet, welches dann seinerseits beanspruchen kann, die Auslegung der Einzelteile (oder jedenfalls einen Teil derselben) anzuleiten. Die EU-Wirtschaftsverfassung[5] ist in dieser Logik mehr als eine rein *deskriptive* Kategorie; sie weist jenseits ihrer wirtschaftsverfassungsrechtlichen Einzelverbürgungen vielmehr einen über die Summe ihrer Einzelteile hinausgehenden *normativen Selbststand* auf. Oder anders formuliert: Die vorgebliche Viel- und (im Vergleich zu sozialstaatlich motivierten oder sonst wie gemeinwohlorientierten primärrechtlichen Normen) Mehrzahl markt- bzw. (unter Rekurs auf die EU-Wettbewerbsregeln der Art. 101 f. AEUV) ordoliberaler Elemente im EUV und im AEUV fundiert in ihrer Summe eine

5 Vgl. zu verschiedenen Begriffsverständnissen von EU-Wirtschaftsverfassung respektive EU-Wirtschaftsverfassungsrecht etwa *Nowak*, EuR 2009, Beiheft 1, S. 129 (142 ff.); *Ruffert*, Zentrum für Europäisches Wirtschaftsrecht, Vorträge und Berichte, Nr. 144, 2004; *Weber*, AöR 149 (2024), S. 82 (110 ff., 119 ff.); *König*, EuR 2022, S. 48 ff.

marktliberale interventionsaverse EU-Wirtschaftsverfassung, die ihrerseits die Auslegung und Anwendung des Unionsrechts insgesamt in diesem Sinne zu beeinflussen vermag.[6]

II. Zur (empirischen) Validität der These einer interventionsaversen marktliberal geprägten EU-Wirtschaftsverfassung

Die vorstehend skizzierte Gedankenführung ruht – jenseits der Frage nach ihrer methodischen Überzeugungskraft – auf der Annahme einer die Verträge prägenden Vielzahl marktwirtschaftlich ausgerichteter Grund- und Einzelnormen im EUV und im AEUV. Der Validität dieser Annahme wird im Folgenden nachgegangen.

1. Ausgangspunkt: Unionsverfassungsrechtliche Absage an eine zentrale Verwaltungswirtschaft

Insbesondere in Deutschland findet die Diskussion um eine EU-Wirtschaftsverfassung ihre Inspiration nicht zuletzt in der seit dem Inkrafttreten des Grundgesetzes geführten Debatte um eine im Grundgesetz verankerte Wirtschaftsverfassung mit normativer Relevanz, welche das Bundesverfassungsgericht durch seine beständig wiederholte Position einer „wirtschaftspolitischen Neutralität des Grundgesetzes" freilich sukzessive beruhigt hat.[7]

Demgegenüber wird verbreitet konstatiert, dass sich das *Unions*recht für ein bestimmtes Wirtschaftssystem entschieden habe, und zwar für ein dezidiert marktwirtschaftlich geprägtes, interventionsaverses Wirtschaftssystem. Argumentativ knüpft(e) diese Position an die im Titel I des EU-Vertrags und im Ersten Teil („Grundsätze") des AEUV – bzw. zuvor des E(W)GV – vorfindlichen Normen über die wirtschaftspolitische Ausrichtung sowie die wirtschaftsbezogenen Zielstellungen und Aufgaben der EU bzw. der E(W)G an. Neben diesen „Grundsatznormen" werden häufig zusätzlich die Grundfreiheiten und die Wettbewerbsregeln angeführt. Teils werden die Grundfreiheiten und die ihnen vorgeblich immanente (Markt-)Logik gar in das Zentrum der Überlegungen zu einer EU-Wirtschaftsverfassung und als für die Auslegung und Anwen-

---

6 Daraus wird teils gar ein auch materiell-rechtlich wirkendes Regel-Ausnahme-Verhältnis zwischen wirtschaftlicher Freiheit (des Einzelnen) und staatlicher Intervention (in Verfolgung insbesondere sozialer oder ökologischer Ziele) abgeleitet, näher dazu unten B. II. 2.

7 Erstmals BVerfGE 4, 7 (17) – Investitionshilfe; anschließend BVerfGE 7, 377 (400) – Apotheken-Urteil; BVerfGE 50, 290 (336 f.) – Mitbestimmung.

dung des übrigen Unionsrechts maßstäblich qualifiziert.[8] Diese schon für den EWGV vielfach formulierte Position erhielt angesichts der Aufnahme des Grundsatzes „einer offenen Marktwirtschaft mit freiem Wettbewerb“ durch den Vertrag von Maastricht in Art. 4 Abs. 1 und 2 EG und ferner in den Art. 98 Abs. 2 und 105 Abs. 1 S. 3 EG in der Literatur weiteren Auftrieb.[9]

Unbeschadet der nachfolgend noch näher zu würdigenden Aufnahme des Ziels einer „in hohem Maße wettbewerbsfähigen sozialen Marktwirtschaft“ durch den Vertrag von Lissabon in Art. 3 Abs. 3 EUV kann in der Tat keinem Zweifel unterliegen, dass sich das Unionsrecht mit seinen Grundfreiheiten, den Wettbewerbsregeln gem. den Art. 101 ff. AEUV sowie den Wirtschaftsgrundrechten der EU-Grundrechtecharta – in Kontrastierung zu einer zentralen Verwaltungswirtschaft – für ein prinzipiell marktwirtschaftliches System entschieden hat.[10]

2. Wirtschaftliche Freiheit statt Marktintervention als auslegungs- und rechtsanwendungsleitendes Regel-Ausnahme-Verhältnis?

Jenseits des soeben festgehaltenen Zwischenergebnisses einer primärrechtlichen Systementscheidung für eine prinzipiell marktwirtschaftlich verfasste Wirtschaftsordnung und der damit einhergehenden Absage an eine zentral gesteuerte Verwaltungswirtschaft wird darüberhinausgehend für die These eines nicht zuletzt in einer vorgeblichen EU-Wirtschaftsverfassung fundierten marktwirtschaftlichen Regel-Ausnahme-Verhältnisses geworben. Danach sei die staatliche Intervention respektive der staatliche Eingriff nicht nur in jedem Einzelfall begründungsbedürftig, sondern darüberhinausgehend nur ganz ausnahmsweise für zulässig zu erachten. Die Freiheit von Interventionen in das Wirtschaftsgeschehen sei gegenüber der Verfolgung anderer Unionsziele prin-

---

8 Vgl. dazu *Basedow*, Von der deutschen zur europäischen Wirtschaftsverfassung, S. 26 ff.; *Behrens*, Jura 1989, S. 561 (562); *Ullrich*, Jahrbuch für Neue Politische Ökonomie 1990, S. 169 (187); *Ophüls*, ZHR 124 (1962), S. 136 ff.; *Mestmäcker*, FS für von der Groeben, S. 9 ff., welcher ebd., S. 21, „Theorien der Wirtschaftsordnungen“ die Funktion zuweist, „Normen zu konkretisieren, die erkennbar auf die Verwirklichung einer bestimmten Art der Wirtschaftsordnung angelegt sind“. Zurückhaltender *VerLoren van Themaat*, FS für von der Groeben, S. 425 (insbesondere S. 428 f.), der das Ermessen des Rats hervorhebt und dem EWGV wirtschaftspolitisch „weitgehende Neutralität“ attestiert; in diese Richtung auch *Mertens de Wilmars*, in: Miscellanea Ganshof van der Meersch, Bd. II, 1972, S. 285 ff. Vgl. auch schon *Scherer*, Die Wirtschaftsverfassung der EWG, S. 204 f., wonach der EWGV der EWG weitgehende wirtschaftspolitische Freiheit einräumt und lediglich „Planwirtschaft“ und „reine Marktwirtschaft“ ausschließt.

9 Vgl. nur *Everling*, in: FS für Mestmäcker, S. 365 (368 ff.); *Petersmann*, EuZW 1993, S. 593 (594); *Gramlich*, in: Niedobitek (Hrsg.), Handbuch Europarecht, Rn. 9.

10 So auch *Gramlich*, in: Niedobitek (Hrsg.), Handbuch Europarecht, Rn. 9; *Müller-Graff*, EuR 1997, S. 433 (440); *ders.*, EuR-Beiheft, 1/2002, S. 7 (22); *Nowak*, EuR-Beiheft 1/2009, S. 129 (148); siehe auch *Hatje*, in: von Bogdandy/Bast (Hrsg.), Principles of European Constitutional Law, 2010, S. 589 (594 ff.); *B. Kempen*, in: Streinz (Hrsg.), EUV/AEUV, Art. 119 AEUV Rn. 15.

zipiell vorrangig und die staatliche Intervention demzufolge lediglich im seltenen Einzelfall gerechtfertigt.[11]

a) Fundierungen des Regel-Ausnahmeverhältnisses

Zur Begründung der skizzierten Regel-Ausnahme-These werden im Wesentlichen zwei Argumentationsketten vorgetragen. Beiden wird im Folgenden nachgegangen, wobei zunächst der aus der vorgeblichen Logik der Grundfreiheiten entwickelte Argumentationsansatz (aa) diskutiert wird, müsste dieser doch im Falle seiner Belastbarkeit im Rahmen des zweiten breiter angelegten und an die EU-Wirtschaftsverfassung als Ganzer anknüpfenden Begründungsstrangs (bb) verarbeitet werden.

aa) Marktlogische Struktur der Grundfreiheiten

Ein besonders marktradikaler Ansatz fundiert die Regel-Ausnahme-These dezidiert in den Grundfreiheiten und einer ihnen vorgeblich inhärenten (Markt-) Logik, wobei dieser „marktlogische"[12] Ansatz vornehmlich – und deshalb im Hinblick auf den Gesamtfokus dieses Gutachtens von hervorgehobenem Interesse – für die Ausübung der Beihilfenaufsicht durch die Kommission fruchtbar gemacht wird.

(1) Die Argumentationskette

Anknüpfend an eine vorgeblich „sachlogische Struktur" der Grundfreiheiten und insbesondere des Freien Warenverkehrs wurde im Hinblick auf das heute in den Art. 107 ff. AEUV geregelte Recht der Beihilfenaufsicht frühzeitig die These vertreten, dass die Auslegung der unbestimmten Rechtsbegriffe sowie insbesondere die Ermessensbetätigung im Rahmen von Art. 107 Abs. 3

---

11 So etwa *Behrens*, Jura 1989, S. 561 (562 f.); *Mestmäcker*, FS für von der Groeben, S. 9 (16 ff.); *Basedow*, Von der deutschen zur europäischen Wirtschaftsverfassung, S. 26 ff.; *ders.*, in: FS-Everling, S. 49 (54, 58 f.); *Immenga*, EuZW 1994, S. 14 (15); wohl auch *Nowak*, EuR Beiheft 1/2009, S. 129 (162), der diese These hinsichtlich des Umweltschutzes wieder relativiert, S. 163 ff. Vgl. auch noch EuGH, Rs. 15/81, Slg. 1982, 1409 (Rn. 33) – Schul zum EWGV.

12 Begriff im Anschluss an *Grabitz*, in: Magiera (Hrsg.), Entwicklungsperspektiven der Europäischen Gemeinschaft, S. 95 (95 ff.).

AEUV[13] (ehedem Art. 92 Abs. 3 E(W)GV/Art. 87 Abs. 3 EG) so vorzunehmen sei, dass eine unter den Beihilfentatbestand des Art. 107 Abs. 1 AEUV fallende Maßnahme nur ganz ausnahmsweise genehmigt werden könne. Denn die in den Art. 28 ff. AEUV fundierte Freiheit des Warenverkehrs als eines der tragenden Elemente des Gemeinsamen Marktes/Binnenmarktes dürfe durch die praktische Handhabung des Beihilfenregimes nicht konterkariert werden. Gerade weil Zölle und Einfuhrkontingente zwischen den Mitgliedstaaten verboten seien und mithin als Instrumente, um sich gegen Importe zu wehren, ausfielen, müsse auch jedwede anderweitig bewirkbare, aber gleichgerichtete Wettbewerbsverfälschung unterbunden werden. Andernfalls könnten nichtleistungsfähige Unternehmen leistungsfähige Unternehmen mit Hilfe von Subventionen vom Markt verdrängen und die Statik des Gebäudes „Gemeinsamer Markt/Binnenmarkt" gefährden. An diese Analyse anknüpfend wird schließlich gar eine Antinomie zwischen den primärrechtlichen Regeln über den Freien Warenverkehr und Art. 107 Abs. 3 AEUV behauptet.[14]

(2) Stellungnahme

Der vorstehend skizzierte sachliche Zusammenhang zwischen den Regeln über den Freien Warenverkehr gem. den Art. 28 ff. AEUV einerseits und der Vergabe staatlicher Beihilfen und den darauf bezogenen Art. 107 ff. AEUV andererseits mag zwar prima facie in seiner Logik bestechen, er verdeckt indessen die dahinter liegenden Wertungen eines marktliberalen Wirtschaftsmodells. Nachfolgend wird demgegenüber gezeigt, dass die vorgebliche Logik der Grundfreiheiten letztlich ebenso bloße Behauptung bleibt wie die daran anschließend diagnostizierte Antinomie. Und folgerichtig kann auch die Regel-Ausnahme-These in der skizzierten Marktlogikargumentation keine Stütze finden.

13 Art. 107 Abs. 3 AEUV lautet: a) Als mit dem Binnenmarkt vereinbar können angesehen werden: Beihilfen zur Förderung der wirtschaftlichen Entwicklung von Gebieten, in denen die Lebenshaltung außergewöhnlich niedrig ist oder eine erhebliche Unterbeschäftigung herrscht, sowie der in Artikel 349 genannten Gebiete unter Berücksichtigung ihrer strukturellen, wirtschaftlichen und sozialen Lage; b) Beihilfen zur Förderung wichtiger Vorhaben von gemeinsamem europäischem Interesse oder zur Behebung einer beträchtlichen Störung im Wirtschaftsleben eines Mitgliedstaats; c) Beihilfen zur Förderung der Entwicklung gewisser Wirtschaftszweige oder Wirtschaftsgebiete, soweit sie die Handelsbedingungen nicht in einer Weise verändern, die dem gemeinsamen Interesse zuwiderläuft; d) Beihilfen zur Förderung der Kultur und der Erhaltung des kulturellen Erbes, soweit sie die Handels- und Wettbewerbsbedingungen in der Union nicht in einem Maß beeinträchtigen, das dem gemeinsamen Interesse zuwiderläuft; e) sonstige Arten von Beihilfen, die der Rat durch einen Beschluss auf Vorschlag der Kommission bestimmt.

14 *Börner*, Zur Vereinbarkeit des sogenannten Claes-Plans mit dem EWG-Vertrag, in: ders./Neundörfer (Hrsg.), Recht und Praxis der Beihilfen im Gemeinsamen Markt, S. 137 ff. (142 ff.); *ders.*, Subventionen – Unrichtiges Europarecht?, in: FS für Carstens, Bd. I, S. 63 (65 ff.).

Eine Antinomie ließe sich allenfalls dann begründen, wenn das Unionsrecht sein komplexes Zielgemenge nach Art. 3 EUV (vormals Art. 2 EG) allein unter den Bedingungen eines von staatlichen Eingriffen völlig freien, unverfälschten Wettbewerbs verwirklichen wollte.[15] Eine solche Konzeption ist aber für das primäre Unionsrecht gerade nicht kennzeichnend.[16] Auch zwingt die Abschaffung der Zölle und mengenmäßigen Beschränkungen – ein Beitrag zur Herstellung innergemeinschaftlicher Wettbewerbsgleichheit – keineswegs (markt-)logisch zu einem (nahezu) vollständigen Verzicht auf Subventionen. Genauso gut mag es gerade das Verbot von Zöllen und Kontingenten erforderlich machen, Unternehmen situationsbezogen Subventionen zu gewähren, um in bestimmten „Wirtschaftszweigen oder Wirtschaftsgebieten" (vgl. Art. 107 Abs. 3 lit. c AEUV), etwa infolge exogener Faktoren (z. B. massive Subventionierung konkurrierender Drittlandswaren, lokal wirkende Naturkatastrophen), drohende Insolvenzen und damit verbundene soziale Härten für die Beschäftigten zu verhindern. Nicht zuletzt solche Optionen sollen durch Art. 107 Abs. 3 AEUV eröffnet werden. Damit harmoniert dann auch, dass die Union selbst die Kompetenz und teils sogar die primärrechtliche Pflicht hat, Subventionen zu vergeben.[17] Damit ist nicht gesagt, dass Art. 107 Abs. 3 AEUV jeglicher Subventionierung den Weg bereitet. Die behauptete Antinomie und auch ein prinzipieller oder genereller „Vorrang der Freiheit vor der Intervention" sind unter Rekurs auf eine vorgeblich den Art. 28 ff. AEUV immanente Logik aber nicht begründbar. Vielmehr impliziert gerade Art. 107 Abs. 3 AEUV selbst als Ermessensnorm mit zudem auf Tatbestandseite äußerst offenen unbestimmten

15 In der Sache konterkariert wären die Art. 9 ff. zudem dann, wenn die Mitgliedstaaten Subventionen vergeben dürften, ohne jeglichen gemeinschaftsrechtlichen Bindungen unterworfen zu sein.

16 Ausführlich dazu C. I. 2., II.

17 Zu auch auf Kohäsion auszurichtenden Förderkompetenzen der Union *Peuker*, in: Calliess/Ruffert (Hrsg.), EUV/AEUV, Art. 175 AEUV Rn. 6 f.; zum EU-finanzierten Umweltfonds L' Instrument Financier pour l' Environnement (LIFE+) *Kahl*, in: in: Streinz (Hrsg.), EUV/AEUV, Art. 192 AEUV Rn. 48; zur direkten Unterstützung von Forschungseinrichtungen (Unternehmen, Forschungszentren, und Hochschulen) mit finanziellen Mitteln aus dem EU-Haushalt *Ruffert*, in: Calliess/ders. (Hrsg.), EUV/AEUV, Art. 179 AEUV Rn. 15. Der heute in Art. 162 AEUV lozierte Europäische Sozialfonds fand sich bereits im EWGV von 1958 in seinem Art. 123.

Rechtsbegriffen,[18] dass wettbewerbsverfälschende Beihilfen und mithin staatliche Interventionen in den Markt und Wettbewerb vom primären Unionsrecht ob der mithin erheblichen Entscheidungsspielräume der Kommission in weitem Umfang als rechtmäßig hingenommen werden. All dies zeigt letztlich, dass die Grundfreiheiten und die ihnen vorgeblich innewohnende Logik das behauptete auslegungs- und rechtsanwendungsleitende Regel-Ausnahme-Verhältnis nicht zu fundieren vermögen – nicht im Hinblick auf die Vergabe staatlicher Beihilfen und noch weniger als bereichsübergreifende Auslegungsmaxime.[19]

18 Insofern sei angemerkt, dass der Gerichtshof die Verwendung offener Rechtsbegriffe auf der Tatbestandsseite einer Norm (unbestimmte Rechtsbegriffe im Sinne des deutschen Verwaltungsrechts) sowie die Einräumung von Entscheidungsspielräumen/Ermessen auf der Rechtsfolgenseite einer Norm (Ermessen im Sinne des deutschen Verwaltungsrechts) rechtsdogmatisch als einheitliches Phänomen behandelt, vgl. nur EuGH, Rs. 183/84, Slg. 1985, 3351 (Rn. 23 f.) – Rheingold/Hauptzollamt Wiesbaden; sowie eingehend *von Danwitz*, Verwaltungsrechtliches System und Europäische Integration, S. 328 f. Bezüglich des Umfangs administrativer Entscheidungsspielräume und der damit korrespondierenden richterlichen Kontrolldichte differenziert der Gerichtshof vielmehr nach der Eigenart der betroffenen Verwaltungsmaterie, umfangreiche Nachweise dazu bei *von Danwitz*, Europäisches Verwaltungsrecht, S. 365 ff., *Schwarze*, Europäisches Verwaltungsrecht, S. 287 ff.; *Adam*, Die Kontrolldichte-Konzeption des EuGH und deutscher Gerichte; *van Bael*, in: Schwarze (Hrsg.), Discretionary powers of the Member States in the field of economic policies and their limits under the EEC Treaty, S. 173. Insbesondere bei einer primär der Exekutive aufgetragenen Bewertung komplexer wirtschaftlicher und sozialer Sachverhalte nimmt der Gerichtshof seinen Prüfungsumfang weit zurück, EuGH, Rs. C-156/98, Slg. 2000, I-6857 (Rn. 67) – Deutschland/Kommission; Rs. 29/77, Slg. 1977, 1835 (Rn. 19/20) – Roquette Frères/Frankreich; weitere Nachweise bei *Schwarze*, ebd., S. 283 f.

19 Namentlich von *Grabitz*, in: Magiera (Hrsg.), Entwicklungsperspektiven der Europäischen Gemeinschaft, S. 95 (102), wurde dem marktlogischen Modell des Weiteren die zentrale Stellung von Art. 2 E(W)GV entgegengehalten. Danach sei eine harmonische Entwicklung des Wirtschaftslebens innerhalb der Gemeinschaft anzustreben, wozu nicht zuletzt die Herstellung gleicher Wettbewerbsbedingungen gehöre, die wegen der weitgehend mitgliedstaatlich geprägten Regelungen im Bereich der Finanz-, Sozial-, Lohn-, Struktur-, Gesundheits- und Umweltpolitik aber trotz der Art. 9 ff. EWGV nicht existiere und – so wäre hinzuzufügen – die Angleichung dieser wettbewerbsrelevanten Regelungen ist auch heute noch keineswegs abgeschlossen. Weil die Unternehmen der Gemeinschaft aber unterschiedliche Lasten trügen und Marktgleichheit mithin erst herzustellen sei, müsse die Kommission im Rahmen der Beihilfenaufsicht auch die Durchsetzung strukturpolitischer Ziele im Interesse einer harmonischen Entwicklung des Wirtschaftslebens innerhalb der Gemeinschaft berücksichtigen. So überzeugend die Analyse von *Grabitz* ausfällt, greift sie doch zu kurz, soweit die beihilfenrechtliche Zulässigkeit mitgliedstaatlicher Strukturpolitik allein darauf gestützt wird, dass die Unternehmen aufgrund von unterschiedlichen mitgliedstaatlichen Rechtsvorschriften unterschiedliche Wettbewerbsbedingungen vorfinden. Subventionen dienten in dieser Logik lediglich der Kompensation von aus unterschiedlichen Rechtsvorschriften resultierenden Wettbewerbsnachteilen und wären nach einer Vereinheitlichung der wettbewerbsrelevanten Regelungen nicht mehr zu legitimieren. *Grabitz* hat aber nicht gezeigt, dass Art. 107 Abs. 3 AEUV (Art. 92 Abs. 3 EWGV) lediglich die Funktion hat, aus *rechtlichen* Gründen bestehende Wettbewerbsnachteile auszugleichen. Die Verfolgung strukturpolitischer Ziele, wie die Herstellung von Konvergenz innerhalb der Gemeinschaft/Union oder die Stärkung der internationalen Wettbewerbsfähigkeit der europäischen Industrie, wird an keiner Stelle des Vertrages davon abhängig gemacht, dass in den zu fördernden Branchen oder Regionen rechtlich begründete Wettbewerbsnachteile auszugleichen sind.

bb) Marktliberal geprägte interventionsaverse EU-Wirtschaftsverfassung

Vermochte der Vorschlag, aus den Grundfreiheiten des AEUV respektive ihren vorgeblich sachlogischen Strukturen allgemeingültige oder jedenfalls für bestimmte Bereiche des EU-Wirtschaftsrechts, namentlich des EU-Beihilfenaufsichtsrechts, gültige Auslegungs- und Rechtsanwendungsgrundsätze in Gestalt eines materiellrechtlich wirkenden Regel-Ausnahme-Verhältnisses abzuleiten, auch nicht überzeugen, bleibt noch der Vorschlag, eine solche Maxime aus einer vorgeblich marktliberal geprägten interventionsaversen EU-Wirtschaftsverfassung zu gewinnen. Da eine marktliberal ausgerichteten EU-Wirtschaftsverfassung im primären EU-Recht als Ziel respektive allgemeiner Grundsatz nicht explizit ausgewiesen ist, müsste – unter Zurückstellung der methodologischen Überzeugungskraft eines solchen Ansatzes –[20] zu dessen Validierung zunächst der Nachweis geführt werden, dass die in Bezug genommene Rechtsmaterie in ihren Einzelregelungen von dem behaupteten allgemeinen Rechtsgrundsatz bestimmt respektive geprägt ist. Und in der Tat wird die Existenz eines solchen ungeschriebenen Grundsatzes behauptet.

(1) Zur Begründung einer marktliberal geprägten interventionsaversen EU-Wirtschaftsverfassung

Zur Begründung des (ungeschriebenen) primärrechtlichen Befundes einer marktliberal geprägten interventionsaversen EU-Wirtschaftsverfassung wurde seit dem Inkrafttreten des Vertrags von Maastricht insbesondere auf den im Grundsätzeteil des EG-Vertrags verankerten „Grundsatz einer offenen Marktwirtschaft mit freiem Wettbewerb" verwiesen.[21] Mit Inkrafttreten des Vertrags von Lissabon wurde dieser Grundsatz indessen aus dem Grundsätzeteil des Unionsrecht verbannt und findet sich seither nur noch in der Peripherie des AEUV, nämlich in den Art. 119 Abs. 1 und 2 und 120 AEUV.

---

20 Die Ableitung eines solchen Grundsatzes unter Rekurs auf einzelne Politiken respektive Normen des AEUV, wie namentlich den Binnenmarkt, die Grundfreiheiten, die Wettbewerbsregeln sowie die Wirtschaftsgrundrechte der EU-Grundrechtecharta wird man methodisch wohl am ehesten als „Induktion" einordnen können – teils findet sich für ein solches Verfahren auch die Bezeichnung „Rechtsanalogie" oder synonym „Gesamtanalogie" – oder (schlichter) wird die Gewinnung eines allgemeinen Rechtsgrundsatzes aus einer Vielzahl von Einzelnormen reklamieret. Ich bevorzuge zur Kennzeichnung eines Schlusses vom Besonderen zum Allgemeinen „Induktion", während „Analogie", sei es Gesamt- oder Einzelanalogie, für eine Schlussweise vom (mehrfachen bzw. einmaligen) Besonderen zum Besonderen reserviert sein soll. Vgl. zu den begrifflichen Differenzen *Larenz*, Methodenlehre der Rechtswissenschaft, S. 384 ff.; *Canaris*, Die Feststellung von Lücken im Gesetz, S. 97 ff. mit zahlreichen Nachweisen in den Fn. 135 und 137. Der Begriff „Gesamtanalogie" erscheint mir gegenüber „Rechtsanalogie" vorzugswürdig, weil er den Unterschied zur Gesetzes- respektive Einzelanalogie sprachlich besser verdeutlicht, vgl. zu den Gründen auch *Larenz*, ebenda, S. 383; zustimmend *Canaris*, ebenda, S. 97, dort Fn. 135.

21 Mit unterschiedlichen Akzentuierungen in diese Richtung *Everling*, in: FS für Mestmäcker, S. 365, 368 ff.; *Petersmann*, EuZW 1993, S. 593 (594).

Jenseits dieses mithin heute offenbar nicht mehr tragfähigen und folgerichtig seitdem – soweit ersichtlich – nicht mehr aufgegriffenen Begründungsansatzes bleibt allein – wie vor dem Inkrafttreten des Vertrags von Maastricht – der Rekurs auf eine Vielzahl wirtschaftsrechtlicher Normen des primären Unionsrechts, vor allem die Grundfreiheiten, die Wettbewerbsregeln sowie die EU-Wirtschaftsgrundrechte als sog. (fundamentale) „wirtschaftsverfassungsrechtliche Funktionsbedingungen".[22] Aus der Summe dieser Einzelaussagen wird eine das Unionsrecht prägende Gesamtaussage, eben eine marktliberal ausgerichtete Wirtschaftsverfassung, gewonnen, die sodann das gesamte Unionsrecht überwölbende Auslegungsrelevanz erlangt und sich insbesondere in der skizzierten Regel-Ausnahme-Maxime konkretisiert.[23]

(2) Stellungnahme

Auch dieser Begründungsstrang vermag – ohne zu seiner methodischen Überzeugungskraft Stellung nehmen zu müssen –[24] nicht zu überzeugen, beruht er doch auf einem unzutreffenden empirischen Befund. Denn das Gemeinschafts- bzw. Unionsrecht hat beginnend mit der ersten Vertragsrevision (1987, sog. Einheitliche Europäische Akte) sukzessive seine ursprünglich weitgehende marktwirtschaftliche „Reinheit" verloren.[25] So wurde die Möglichkeit gemeinschaftlicher Eingriffe in den Wettbewerb bereits durch die EEA nicht unerheblich ausgeweitet.[26] Seitdem weist der E(W)GV und nunmehr der AEUV der Gemeinschaft/Union etwa explizit die Aufgabe zu, eine aktive Struktur- und Forschungsförderungspolitik zu betreiben. Diese Tendenz wurde durch den Vertrag von Maastricht – unbeschadet der Einfügung des Grundsatzes einer offenen Marktwirtschaft mit freiem Wettbewerb – insbesondere durch die Einfügung des Titels „Industriepolitik" (heute verortet in Art. 173 AEUV) nochmals verstärkt, zielt diese doch auf eine aktive Rolle der Mitgliedstaaten und der Union im Interesse einer Stärkung der internationalen Wettbewerbsfähigkeit der europäischen Industrie – nicht zuletzt inspiriert durch das Vorbild des japanischen Industrieministeriums MITI.[27] Darüber hinaus wurde die Orientierung der Gemeinschaft auf eine soziale Kohäsion nochmals gestärkt und fand Aufnahme in den grundlegenden Zielkatalog des Art. 2 EG.

---

22 Zum Begriff *Nowak*, EuR-Beiheft 1/2009, S. 129 (147 ff. m. w. N.)

23 Vgl. *Basedow*, Von der deutschen zur europäischen Wirtschaftsverfassung, S. 26 ff.; *Behrens*, Jura 1989, S. 561 (562); *Ullrich*, Jahrbuch für Neue Politische Ökonomie 1990, S. 169 (187); *Ophüls*, ZHR 124 (1962), S. 136 ff.; *Mestmäcker*, in: FS für von der Groeben, S. 9 ff.

24 Vgl. dazu B. II. 2. a) bb) mit Fn. 20.

25 Vgl. dazu im Hinblick auf die EEA den vielfach rezipierten Beitrag von *Pescatore*, EuR 1986, S. 153 ff.

26 Vgl. auch *Oppermann*, in: Müller-Graff/Zuleeg (Hrsg.), Staat und Wirtschaft in der EG, S. 53 (53 ff.); *Götz*, JZ 1989, S. 1021 (1021).

27 Vgl. dazu auch *Mestmäcker*, in: Friedrich-Ebert-Stiftung (Hrsg.), Die Kontroverse um Maastricht: Eine neue Wirtschaftsverfassung für Europa?, S. 39 (41). Freilich soll die industriepolitische Kompetenz der Union gem. Art. 173 Abs. 3 AEUV „keine Grundlage dafür [bieten], dass die Union irgendeine Maßnahme einführt, die zu Wettbewerbsverzerrungen führt".

Dieser schrittweisen Zurückdrängung des „reinen" Marktmodells durch die geschilderten Interventionskompetenzen und Zielmodifikationen folgte 2009 durch den Vertrag von Lissabon gewissenmaßen eine Arrondierung auf der „Zielebene", indem in Art. 3 Abs. 3 UAbs. 1 EUV[28] das Ziel einer „in hohem Maße wettbewerbsfähigen *sozialen*[29] Marktwirtschaft, die auf Vollbeschäftigung und sozialen Fortschritt abzielt", verankert wurde. Wie bereits skizziert, wurde gleichzeitig der „Grundsatz einer offenen Marktwirtschaft mit freiem Wettbewerb" durch den Vertrag von Lissabon[30] aus dem Grundsätzeteil des Unionsrechts verbannt und findet sich nunmehr nur noch in den Art. 119 Abs. 1 und 2 und 120 AEUV. Ist also das in Art. 3 Abs. 3 UAbs. 1 EUV formulierte Grundsatzziel einer „in hohem Maße wettbewerbsfähigen sozialen Marktwirtschaft" (nach verbreiteter Wahrnehmung) an die Stelle des „Grundsatzes einer offenen Marktwirtschaft mit freiem Wettbewerb" gem. Art. 4 Abs. 1 und 2 EG getreten, fehlt es darüber hinaus für das bis zum Vertrag von Lissabon im Ziel- und Grundsätzeteil des Unionsrechts, nämlich in Art. 3 lit. g) EG, postulierte „System unverfälschten Wettbewerbs" – anders als noch im Entwurf eines Vertrags über eine Verfassung für Europa – gänzlich an einem Äquivalent.

b) Ergebnis

Nach allem ist dem primären Unionsrecht jenseits der Strukturentscheidung für ein *prinzipiell* marktwirtschaftliches System respektive gegen eine zentrale Verwaltungswirtschaft in einer Gesamtschau keine Prägung eigen, welche die These „Wirtschaftliche Freiheit statt Intervention als auslegungsleitendes Regel-Ausnahme-Verhältnis" empirisch zu validieren vermöchte. Die vorgehende Analyse und namentlich die Ausrichtung der Union auf eine in den Zielen des Art. 3 Abs. 3 UAbs. 1-3 EUV verschiedentlich zum Ausdruck gebrachte soziale Marktwirtschaft, welche auf Vollbeschäftigung und sozialen Fortschritt abzielt, legen vielmehr eine grundlegende Neuausrichtung des primären EU-Wirtschaftsrechts, respektive der EU-Wirtschaftsverfassung, nahe. Dieser (Neu-)Ausrichtung gilt es nachfolgend (C.) unter Einbeziehung des primärrechtlichen Zielgemenges als Ganzem weiter und genauer nachzuspüren.

---

28 Im neuen Art. 3 EUV sind die bislang in verschiedenen Katalogen des EU- und EG-Vertrags enthaltenen Ziele zusammengeführt. Diese Konsolidierung erfolgt insgesamt nicht ohne einige inhaltliche Modifikationen und ersatzlose Streichungen; für den vorliegenden Kontext sind die im Text genannten Modifikationen maßgeblich.

29 Hervorhebung nur hier.

30 Insoweit wurde an den Verfassungsvertragsentwurf angeknüpft.

C. Zielsetzungen und Zielpriorisierungen – mit besonderem Fokus auf die Felder Wirtschaft und Soziales

Wie soeben angekündigt wird in diesem Teil den Zielsetzungen und Zielpriorisierungen im primären EU-Recht nachgegangen, wobei insoweit vor allem die Felder Wirtschaft und Soziales fokussiert werden. Jenseits des Eigenwerts einer solchen Analyse schließt sich daran die sodann in den Teilen D. und E. adressierte rechtsdogmatisch ausgerichtete Frage an, inwiefern den befundeten Zielsetzungen und -priorisierungen des primären Unionsrechts, namentlich im Hinblick auf die Felder Wirtschaft und Soziales, Relevanz für die Auslegung und Anwendung des primären und sekundären Unionsrechts sowie die unionale Ausübung der ihr eingeräumten Rechtssetzungskompetenzen zukommt.

I. Grundlegungen

1. Rechtsdogmatische Vorüberlegungen zur Relevanz der Unionsziele

Im Anschluss an vielstimmige Diskussionen um die rechtliche Bedeutung und Wirkungskraft von Verfassungszielen in einzelstaatlichen Verfassungen drängt sich auch im Hinblick auf die primärrechtlichen Ziele (in Art. 3 EUV) die Frage auf, ob diese als verfassungs*rechtliche* Fundamentalnormen[31] oder lediglich außerrechtliche Absichtserklärungen bzw. Wunschvorstellungen zu qualifizieren sind, wie es etwa verbreitet für Verfassungspräambeln angenommen wird. Die Beantwortung dieser Frage soll indes zunächst zu Gunsten einer inhaltlichen Analyse der Ziele zurückgestellt werden, um diese abschließend im Lichte der Zielinhalte wieder aufzugreifen.[32]

---

31 So etwa *Ruffert*, in: Calliess/ders. (Hrsg.), EUV/AEUV, Art. 3 EUV, Rn. 1 mit zahlreichen Nachweisen.

32 Vgl. C. II. 3.

2. Die Ziele des Art. 3 Abs. 1 EUV

Obschon der EUV – ebenso wie der AEUV – keine authentischen Artikelüberschriften kennt, kann kein vernünftiger Zweifel darüber bestehen, dass sich die grundlegenden Ziele der Union in Art. 3 EUV finden. Dabei wirken die in Art. 3 Abs. 1 EUV aufgeführten formulierten Ziele „Frieden“, „Werte“ der Union sowie „Wohlergehen der Völker“ in und ob ihrer Allgemeinheit gewissermaßen als vor die Klammer gezogene Metaziele gegenüber den nachfolgenden Zielen in Art. 3 Abs. 2 bis 5 EUV. Ob diesen (Meta-)Zielen Vorrang gegenüber den nachstehend aufgeführten Zielen zukommt,[33] kann hier angesichts des adressierten Untersuchungsgegenstandes indessen aus nachfolgenden Gründen dahinstehen.

a) „Werte“

Das „Werteziel“ erfährt in Art. 2 EUV seine Ausbuchstabierung. Insoweit mag es im Einzelfall Kollisionen zwischen den dort genannten einzelnen Werten geben, die durch die Union und insbesondere den Unionsgesetzgeber aufzulösen bzw. auszutarieren sind; die Frage nach einer Zielhierarchie nach Maßgabe eines etwaigen Vorrangs der in Art. 3 Abs. 1 EUV genannten Ziele gegenüber den in den nachfolgenden Absätzen genannten Ziele stellt sich indessen nicht, jedenfalls nicht bzgl. der hier fokussierten Felder „Wirtschaft und Soziales“.

b) „Frieden“ und „Wohlergehen der Völker“

Zunächst begründen die Ziele „Frieden“ und „Wohlergehen der Völker“ ob ihrer Abstraktheit beide keine instrumentellen Vorgaben im Hinblick auf die Erfüllung eben dieser Ziele der Union.

aa) Frieden

Und das Friedensziel erfährt auch in den nachfolgenden Absätzen keine (nennenswerte) Ausbuchstabierung oder auch nur Ausrichtung im Hinblick auf die Ausgestaltung einer Friedenspolitik. Demgemäß wird man der Union, soweit sie zuständig ist, einen weitgehenden Gestaltungsspielraum einräumen müssen. Das Thema „Frieden“ und die entsprechende Zielstellung in Art. 3 EUV liegen im Übrigen ebenfalls nicht im Fokus dieses Beitrags; mag die Zielstellung aus Art. 3 Abs. 3 UAbs. 3 AEUV, wonach die Union den wirtschaftlichen, sozialen und territorialen Zusammenhalt sowie die Solidarität zwischen den Mitgliedstaaten fördert, u. a. als (mittelbar) friedensgerichtet interpretierbar sein.[34]

---

33 Vgl. zur Rangdiskussion *Ruffert*, in: Calliess/ders. (Hrsg.), EUV/AEUV, Art. 3 EUV, Rn. 13.

34 In diesem Sinne auch *Ruffert*, in: Calliess/ders. (Hrsg.), EUV/AEUV, Art. 3 EUV, Rn. 5.

bb) Wohlergehen der Völker

Dagegen wird man annehmen können und gar müssen, dass das Ziel „Wohlergehen der Völker“ in den nachfolgenden Zielsetzungen des Art. 3[35] eine gewisse Konkretisierung erfährt,[36] auf welche nachfolgend vertiefter einzugehen sein wird, sind doch insoweit nicht zuletzt die (Politik-)Felder „Wirtschaft“ und Soziales“ adressiert. Zu untersuchen ist mit anderen Worten, inwieweit das Ziel „Wohlergehen der Völker“ in Art. 3 Abs. 1 AEUV in den nachfolgenden Absätzen eine inhaltliche respektive instrumentelle Ausrichtung bzw. Akzentuierung erfährt, insbesondere bzgl. der Felder „Wirtschaft und Soziales“.

II. Wirtschaft und Soziales im Lichte der primärrechtlichen Zielsetzungen des Unionsrechts

Wie bereits angedeutet wird man die höchst abstrakte Zielsetzung des Wohlergehens der Völker der Union nach Art. 3 Abs. 1 EUV – auch weil eine weitergehende Interpretation des Begriffs mit der fehlenden Staatsqualität der EU in Konflikt geraten könnte – mindestens primär im Sinne eines ökonomisch-sozialen Wohlergehens zu verstehen haben.[37] Es stellt sich also die Frage nach der Konkretisierung dieses Ziels in den nachfolgenden Absätzen von Art. 3 EUV. Insoweit zentrale Festlegungen finden sich insbesondere in Art. 3 Abs. 3 UAbs. 1-3.[38]

1. Art. 3 Abs. 3 UAbs. 1, S. 1 EUV

Gemäß Art. 3 Abs. 3 UAbs. 1, S. 1 EUV „errichtet“ die Union einen Binnenmarkt. Während der instrumentelle Charakter der Errichtung eines Gemeinsamen Marktes bzw. eines Binnenmarktes bis zum Inkrafttreten des Vertrags von Lissabon im Zielkatalog des Unionsrechts explizit zum Ausdruck kam („durch die Errichtung eines Gemeinsamen Marktes“), findet sich nunmehr die schlichte Errichtungsaufgabe, ohne diese mit einer weitergehenden Zielstellung zu verknüpfen. Dessen unbeschadet wird verbreitet angenommen, dass die Errichtung des Binnenmarktes weiterhin als ein Instrument zur Erreichung über-

---

35 Daneben finden sich in den nachfolgenden Absätzen des Art. 3 EUV weitere Ziele, welche jenseits der Ziele aus Abs. 1 liegen und denen folglich Selbststand zukommt.

36 So auch *Ruffert*, in: Calliess/ders. (Hrsg.), EUV/AEUV, Art. 3 EUV, Rn. 13.

37 So auch *Ruffert*, in: Calliess/ders. (Hrsg.), EUV/AEUV, Art. 3 EUV, Rn. 21

38 Auch der auf die Beziehungen zu Drittstaaten („zur übrigen Welt“) ausgerichtete Art. 3 Abs. 5 EUV adressiert die Felder Wirtschaft und Soziales; er kann hier aber wegen seiner Zielubiquität und fehlenden (Ziel)Gewichtungsentscheidungen vernachlässigt werden.

geordneter (Meta-)Ziele[39] und in diesem Sinne als Zwischenziel zu qualifizieren ist. Als Metaziel ließe sich insbesondere das Wohlergehen der Völker nach Art. 3 Abs. 1 EUV anführen, welches aber eben kaum Anhaltspunkte für die Ausrichtung einer Wirtschafts- und Sozialpolitik bietet.

Nichtsdestotrotz wird vor diesem Hintergrund erklärbar, dass die Behauptung einer primärverfassungsrechtlich vorgegebenen, strikt marktliberalen Ausrichtung die Wirtschaftspolitik – wie oben bereits geschildert – zur Begründung ihrer Position gerade auf das Binnenmarktziel rekurriert.[40] Dies vermag indessen, ungeachtet der Frage, ob die Errichtung des Binnenmarktes als Instrument bzw. Zwischenziel oder als Endziel des Integrationsprozesses einzuordnen ist, nicht zu überzeugen. Der Binnenmarkt ist nicht durch eine marktliberale Prägung gekennzeichnet, welche mit dem Abbau von Handelsbeschränkungen innerhalb der Union auch den Abbau allgemeinwohlbezogener Standards verbindet; dementsprechend ist die Zulässigkeit einer sozialen und ökologischen Arrondierung der sekundärrechtlichen Errichtung eines Binnenmarktes vom EuGH und der Literatur niemals (ernsthaft) infrage gestellt worden.[41] Folgerichtig hat die Unionsgerichtsbarkeit EU-Sekundärrecht nur in ganz seltenen Ausnahmefällen wegen einer Unvereinbarkeit mit den Grundfreiheiten als unionrechtswidrig qualifiziert.[42] Das Binnenmarktprojekt zielt mithin schon aus sich heraus – und zwar unabhängig von seiner sozialen Überprägung in den nachfolgenden Zielbestimmungen – nicht auf einen Markt ohne Beschränkungen, sondern einen Markt ohne zwischenstaatliche Behinderungen.

Zur Arrondierung der Diskussion um das Verständnis des unionsrechtlichen Binnenmarktbegriffs wird abschließend seiner Entstehungs- und Wirkungsgeschichte nachgespürt. Das 1987 mit der Einheitlichen Europäischen Akte (EEA) in den damaligen EWG-Vertrag aufgenommene Binnenmarktziel[43] stand bis zum Vertrag von Lissabon neben dem Ziel der Verwirklichung eines

39 Vgl. nur *Ruffert*, in: Calliess/ders. (Hrsg.), EUV/AEUV, Art. 3 EUV, Rn. 22.

40 Vgl. oben B. II. 2. a).

41 Selbst die unter B. II. diskutierten Positionen bestreiten dies jedenfalls nicht grundsätzlich.

42 Soweit ersichtlich nur in EuGH, Rs. C-168/01, Slg 2003, I-9409 (Rn. 26) – Bosal; Rs. C-471/04, Slg 2006, I-2107 (Rn. 45 f.) – Keller Holding. Zudem lässt der EuGH jedwede substanzhaltige Begründung für die Geltung der Grundfreiheiten gegenüber der Union vermissen. Und auch an einer präzisen und widerspruchsfreien Konturierung des Inhalts der Bindung fehlt es, näher dazu *Cremer*, in: Möllers (Hrsg.), Geltung und Faktizität von Standards, S. 261 (262 ff.). Der EuGH betont in ständiger Rechtsprechung lediglich, dass der Union ein besonders weiter Ermessenspielraum zustehe, verb. Rs. C-154/04 u. C-155/04, Slg 2006, I-6451 (Rn. 52) – Alliance for Natural Health; Rs. C-491/01, Slg 2002, I-11453 (Rn. 123) – British American Tobacco (Investments) Ltd.

43 Im Englischen und Französischen finden sich für „Binnenmarkt" an Stelle der im AEUV verwandten Begriffe *internal market* und *marché intérieur* in verschiedensten Unionsdokumenten die (wohl) als Synonyma verwandten Begriffe *single market* und *marché unique*, vgl. *Mortelmans*, Common Market Law Review 35 (1998), S. 101 (107 f.).

Gemeinsamen Marktes. Daran anknüpfend wurde mehr als zwei Jahrzehnte über den Inhalt der Begriffe „Binnenmarkt“ und „Gemeinsamer Markt“ und ihr Verhältnis zueinander diskutiert.[44] Obschon der Begriff „Gemeinsamer Markt“, welcher nach den Vertragsrevisionen durch die Verträge von Maastricht, Amsterdam und Nizza noch in zahlreichen und zentralen Normen des EG-Vertrages vorfindlich war[45], im EUV in der Lissabon-Fassung und im AEUV durchgängig durch „Binnenmarkt“ ersetzt wurde, kann diese Diskussion hier doch nicht gänzlich ausgeblendet werden. Das Verständnis des Begriffs „Binnenmarkt“ kann nämlich nicht ohne Einbettung in seine Entstehungsgeschichte und insofern als neben dem „Gemeinsamen Markt“ stehendes (begriffliches) Phänomen bestimmt werden.

Der Gemeinsame Markt sollte ausweislich des am 1. Januar 1958 in Kraft getretenen EWG-Vertrags gem. Art. 8 Abs. 1 EWG, der erst durch den Vertrag von Amsterdam aus dem EGV gestrichen wurde, bis zum Ende der Übergangszeit schrittweise verwirklicht werden. Die Übergangszeit endete gem. Art. 8 Abs. 1 E(W)G nach zwölf Jahren, mithin am 31. Dezember 1969, gem. Art. 8 Abs. 6 E(W)G spätestens aber fünfzehn Jahre nach Inkrafttreten des EWGV am 31. Dezember 1972. Nach Art. 8 Abs. 7 E(W)G blieb das Verstreichen der Übergangsfrist auch nicht ohne Rechtsfolgen; danach ist vorbehaltlich der im E(W)GV vorgesehenen Ausnahmen und Abweichungen „das Ende der Übergangszeit gleichzeitig der Endtermin für das Inkrafttreten aller vorgesehenen Vorschriften sowie für die Durchführung aller Maßnahmen, die zur Errichtung des Gemeinsamen Marktes gehören“. Ohne dass dies hier näher diskutiert werden soll, gehör(t)en zum Gemeinsamen Markt in Übereinstimmung mit der ganz h.M. die Grundfreiheiten, welche nach dem Ende der Übergangszeit dann auch unmittelbare Wirkung entfalteten, und das System unverfälschten Wettbewerbs im Sinne von Art. 3 Abs. 1 lit. g EG und der Art. 81 ff. EG

---

44 Grosso modo werden insbesondere drei Positionen vertreten. Für eine sog. Einschränkungstheorie: *Bock*, Rechtsangleichung und Regulierung im Binnenmarkt, S. 23 f.; *Epiney*, JZ 1992, S. 564 (567); *Pescatore*, EuR 1986, S. 153 (157); *Pühs*, Der Vollzug von Gemeinschaftsrecht, S. 54 f.; *Wagner*, Das Konzept der Mindestharmonisierung, S. 24 ff. Für eine sog. Synonymitätstheorie: *Middeke*, Nationaler Umweltschutz im Binnenmarkt, S. 231 (235 f.); *Kotzur*, in: Geiger/Khan/ders. (Hrsg.), EUV/AEUV-Kommentar, Art. 26 AEUV, Rn. 4; *Voet van Vormizeele*, in: von der Groeben/Schwarze/Hatje (Hrsg.), Europäisches Unionsrecht, Bd. I, Art. 26 AEUV, Rn. 7. Für eine sog. Erweiterungstheorie: *Dauses*, EuZW 1990, S. 8 (10); *Müller-Graff*, EuR 1989, S. 107 (122 ff.); *Reich*, EuZW 1991, S. 203 (207 f.); *Steindorff*, ZHR 150 (1986), S. 687 (689).

45 Etwa in den Art. 2 EG, Art. 32 Abs. 1, 2 u. 4 EG, Art. 71 Abs. 2 EG, Art. 81 Abs. 1 EG, Art. 82 S. 1 EG, Art. 84 EG, Art. 87 Abs. 1, 2 u. 3 EG, Art. 88 Abs. 1 S. 2 EG, Art. 94 EG, Art. 96 S. 1 EG und Art. 134 S. 5 EG.

(jetzt Art. 101 ff. AEUV).[46] Nach allem war der „Gemeinsame Markt" auf die Herstellung der Grundfreiheiten und ein System unverfälschten Wettbewerbs gerichtet. Diese beiden Elemente werden überwiegend auch dem Binnenmarktbegriff zugeordnet; die Vertreter der sog. Einschränkungstheorie[47] wollen die Wettbewerbspolitik dagegen aus dem Binnenmarktbegriff ausklammern. Der Europäische Gerichtshof hat sich spätestens mit dem Urteil in der Rs. C-350/92 zur Auslegung von Art. 95 EG der Auffassung angeschlossen, wonach der Binnenmarkt neben der Verwirklichung der Grundfreiheiten auch ein System unverfälschten Wettbewerbs unter Einschluss von Wettbewerbsgleichheit umfasst[48]. Ein solches Binnenmarktverständnis steht im Einklang mit oder jedenfalls nicht im Widerspruch zu der Legaldefinition in Art. 26 Abs. 2 AEUV, wird nunmehr im Hinblick auf die Wettbewerbsregeln in Art. 3 Abs. 1 lit. b) AEUV anerkannt und überzeugt nicht zuletzt vor dem Hintergrund seiner Entstehungsgeschichte und aus systematischen Gründen. Hintergrund und Auslöser der Aufnahme des Binnenmarktziels in den EWGV durch die EEA war das Binnenmarkt-Weißbuch der Kommission aus dem Jahre 1985. Dieses diagnostizierte im Hinblick auf die Verwirklichung eines Gemeinsamen Marktes ein substanzielles Defizit und schlug unter dem Etikett „Vollendung des Binnenmarkts" die Umsetzung von insgesamt 282 Vorschlägen – keineswegs ausschließlich rein deregulativer Natur[49] – bis spätestens Ende 1992 mit eben dieser Zielsetzung vor. Dieses Ziel wurde dann einschließlich des avisierten Verwirklichungszeitpunkts 31. Dezember 1992 in den EWGV aufgenommen, ohne dass an das Verstreichen der Frist Rechtsfolgen geknüpft wurden. Der Begriff „Binnenmarkt" wurde dabei – soweit ersichtlich – nicht in bewusster inhaltlicher Gegenüberstellung oder gar Abgrenzung zu „Gemeinsamer Markt" ausgewählt, sondern um dem Prozess der wirtschaftlichen Integration (auch) mittels eines neuen Schlagworts – quasi symbolisch – eine neue Dynamik zu verleihen. Deutet schon dies auf eine inhaltliche Identität der Begriffe hin, wird dies in systematischer Perspektive dadurch bekräftigt, dass das bisherige Nebeneinander von Binnenmarkt und Gemeinsamem Markt im E(W)GV eher zufällig wirkte und nicht etwa durch unterschiedliche

46 *Bast*, in: Grabitz/Hilf/Nettesheim (Hrsg.), Das Recht der Europäischen Union, Bd. I, Art. 26 AEUV, Rn. 12; *Vormizeele*, in: von der Groeben/Schwarze/Hatje (Hrsg.), Europäisches Unionsrecht, Bd. I, Art. 26, Rn. 21 ff.; *Kotzur*, in: Geiger/Khan/ders. (Hrsg.), EUV/AEUV-Kommentar, Art. 26 AEUV, Rn. 4; *Ipsen*, Europäisches Gemeinschaftsrecht, Kap. 28, Rn. 12. Der EuGH formuliert in Rs. C-15/81, Slg. 1982, 1409 (Rn. 33) – Schul: „Der Begriff Gemeinsamer Markt – so wie ihn der Gerichtshof in ständiger Rechtsprechung herausgearbeitet hat – stellt ab auf die Beseitigung aller Hemmnisse im innergemeinschaftlichen Handel mit dem Ziel der Verschmelzung der nationalen Märkte zu einem einheitlichen Markt, dessen Bedingungen denjenigen eines wirklichen Binnenmarktes möglichst nahekommen."

47 Vgl. dazu und zu den konkurrierenden Theorien die Nachweise C. II. 1., Fn. 44.

48 EuGH, Rs. C-350/92, Slg. 1995, I-1985 (Rn. 32 ff.) – Spanien/Rat; siehe auch schon EuGH, Rs. C-300/89, Slg. 1991, I-2867 (Rn. 15, 23) – Kommission/Rat.

49 Vgl. dazu nur *Majone*, EUI SPS Working Paper 2/1993, S. 11.

Begriffsverständnisse motiviert.[50] Diese These wird durch die nunmehr vorgenommene vollständige Ersetzung des „Gemeinsamen Marktes" durch „Binnenmarkt" im Vertrag von Lissabon bestätigt. Die Ersetzung des Begriffs war offenbar nicht mit der Vorstellung einer inhaltlichen Veränderung der betroffenen Normen verbunden.[51]

Die aus diesen Gründen hier verfochtene Synonymitäts- oder Identitätsthese bedeutet freilich keineswegs, dass der Binnenmarktbegriff im Sinne von Art. 26 Abs. 2 AEUV entgegen der sog. „Erweiterungsthese"[52] nicht auch den Abbau der Grenzkontrollen für Waren und Personen umfasst. Vielmehr war dieses Anliegen bereits vom „Gemeinsamen Markt" umfasst, und zwar als Teilelement des Ziels, die Beschränkungen der Grundfreiheiten abzubauen. Diese galt zwar im Hinblick auf den Grenzübertritt natürlicher Personen nur insoweit, als dieser in Verfolgung wirtschaftlicher Zwecke, also in Ausübung einer Grundfreiheit, erfolgte; anderes lässt sich aber auch für das Binnenmarktziel im Sinne der Art. 26 f. AEUV schwerlich begründen – wenn dies auch mitunter behauptet wird.[53] Letztlich erscheint eine solche These aber nicht nur vor dem Hintergrund der geschilderten Entstehungsgeschichte wenig naheliegend, sondern auch mit Blick auf die Ausnahmeregelung in Art. 27 AEUV, ist dort doch nicht von Mitgliedstaaten, sondern von „Volkswirtschaften" die Rede, was ein rein wirtschaftlich ausgerichtetes Verständnis des Begriffs „Binnenmarkt" impliziert.

Für den vorliegenden Zusammenhang ist nun zentral, dass die Basierung des Binnenmarktbegriffs im Binnenmarkt-Weißbuch unterstreicht, dass das Errichtungsziel keineswegs marktliberal ausgerichtet war und ist. Das Weißbuch mit seinen 282 Reformvorschlägen dokumentiert vielmehr, dass es um Rechtsangleichung bzw. gegenseitige Anerkennung im Kontext der Grundfreiheiten (vor allem zum Abbau mittelbarer Diskriminierungen) geht, um die in unterschiedlichem mitgliedstaatlichen Recht wurzelnden Durchlässigkeitsbehinderungen zu beseitigen, ohne dass daraus eine Aussage oder auch nur Richtung zum „sozialen Niveau" der Angleichung oder Anerkennung ableitbar wäre. Adressiert ist nicht (primär) der freie, sondern der chancengleiche Wettbewerb bzw. dessen Eröffnung unter gleichen bzw. ähnlichen Bedingungen.

---

50 Vgl. dazu *Nowak*, EuR-Beiheft 1/2009, S. 129 (136 ff.).

51 Vgl. dazu und zu weiteren Gesichtspunkten C. II. 1. mit Nachweisen in Fn. 44 zur Synonymitätsthese.

52 Auch dazu die Nachweise C. II. 1., Fn. 44.

53 *Kahl*, in: Calliess/Ruffert (Hrsg.), EUV/AEUV, Art. 26 AEUV, Rn. 28: „Europa der Bürger".

2. Art. 3 Abs. 3 UAbs. 1, S. 2, UAbs. 2 und 3 EUV

Nach allem ergibt sich weder aus den Zielstellungen des Art. 3 Abs. 1 EUV noch aus dem Ziel der Binnenmarkterrichtung nach Art. 3 Abs. 3 UAbs. 1, S. 1 EUV jenseits der Absage an eine zentrale Verwaltungswirtschaft eine weitere Orientierung im Hinblick auf die Politikfelder Wirtschaft und Soziales und insbesondere bezüglich des Verhältnisses von freiem Markt und sozial motivierter staatlicher Intervention bzw. der Zulässigkeit respektive des Gebotenseins sozial orientierter Auslegung und Anwendung des EU-Rechts und sozialer Imprägnierung des sekundären EU-Rechts. Indessen finden sich insoweit Hinweise in Art. 3 Abs. 3 UAbs. 1, S. 2, UAbs. 2 und 3 EUV.

Art. 3 Abs. 3 UAbs. 1, S. 2 EUV propagiert zunächst „eine nachhaltige Entwicklung Europas auf der Grundlage eines ausgewogenen Wirtschaftswachstums und von Preisstabilität". Obschon dem Nachhaltigkeitsbegriff kontextabhängig unterschiedliche Bezugspunkte zugeschrieben werden[54] – wobei eine entwicklungspolitische sowie klima- bzw. umweltbezogene Ausrichtung fachübergreifend wohl dominiert –, wird man an dieser Stelle wegen der Bezugnahme auf die ökonomischen Parameter „Preisstabilität" und vor allem „ausgewogenes Wirtschaftswachstum" als Grundlage für die nachhaltige Entwicklung neben ökologischer Nachhaltigkeit auch die soziale (und entwicklungspolitische) Ausgewogenheit als adressiert ansehen müssen. Diese Gesichtspunkte werden durch einen Förderauftrag für einen „wirtschaftlichen und sozialen Zusammenhalt" (in der Europäischen Union) – ergänzt um eine territoriale Komponente – in Art. 3 Abs. 3 UAbs. 3 aufgegriffen und verstärkt sowie durch einen Förderauftrag für „die Solidarität zwischen den Mitgliedstaaten" arrondiert. Überdeutlich wird die soziale Ausrichtung der Zielstellungen des primären Unionsrechts im Vertrag von Lissabon – wohl nicht zuletzt vor dem Hintergrund der Ablehnung des Verfassungsvertrages in Frankreich, welche maßgeblich durch die fehlende soziale Arrondierung des Unionsrechts motiviert gewesen sein soll – sodann in Art. 3 Abs. 3 UAbs. 2. Dort heißt es u. a., dass die Union „soziale Ausgrenzung und Diskriminierungen" bekämpft sowie „soziale Gerechtigkeit und sozialen Schutz" fördert.[55]

Lässt sich nach dem Geschilderten eine dezidierte Zielausrichtung der EU auf eine Sozialunion[56] kaum mehr in Abrede stellen, bleibt noch die Würdigung

54 Vgl. etwa EuGH, Rs. C-900/19, ECLI:EU:C:2021:211 (Rn. 60, 65); *Kotzur*, DÖV 2005, S. 313 (318 f.); *Ruffert*, in: Calliess/ders. (Hrsg.), EUV/AEUV, Art. 3 EUV, Rn. 23. Grundlegend in (verfassungs)rechtlicher Perspektive *Beaucamp*, Das Konzept der zukunftsfähigen Entwicklung im Recht.

55 Des Weiteren sind in der Norm die Gleichstellung von Frauen und Männern, die Solidarität zwischen den Generationen und der Schutz der Rechte des Kindes als Förderaufträge adressiert.

56 Vgl. zu weiteren Facetten der Europäischen Union als Sozialunion *Cremer*, EuR-Beiheft 1/2007, S. 75 ff.

des in Art. 3 Abs. 3 UAbs. 1, S. 2 formulierten EU-Ziels, auf eine „in hohem Maße wettbewerbsfähige soziale Marktwirtschaft, die auf Vollbeschäftigung und sozialen Fortschritt abzielt," hinzuwirken. Wie eingangs ausgeführt, steht die grundsätzliche Festlegung des Unionsrechts auf eine marktwirtschaftliche Ordnung und mithin die unionsverfassungsrechtliche Absage an eine zentrale Verwaltungswirtschaft außer Frage; ebenso außer Frage steht aus den soeben genannten Gründen indes das primärrechtliche Ziel einer sozialen Ausrichtung dieser Marktwirtschaft. Bleibt die Frage, ob die Festlegung auf eine in hohem Maße wettbewerbsfähige – wenn auch gleichwohl soziale – Marktwirtschaft die Gesamt(ziel)ausrichtung der Union in den Feldern Wirtschaft und Soziales substanziell in eine marktliberale(re) und interventionsaverse(re) Richtung verschiebt. Insoweit mag man *prima facie* annehmen, dass die Attribuierung der Marktwirtschaft als einerseits in hohem Maße wettbewerbsfähig und andererseits sozial ein gewisses Patt im Hinblick auf die Ausgestaltung der Marktwirtschaft impliziert. Dies schiene indessen kurzschlüssig. Denn wie bereits dargelegt wird – anders als zuvor im EUV in der Fassung vor Lissabon bzw. im EG-Vertrag – nicht mehr der *freie* und *unverfälschte* Wettbewerb (als Instrument für weitergehende Zielsetzungen) als grundlegendes Ziel des primären Unionsrechts – und nicht einmal mehr als Instrument zur Erreichung eines grundlegenden Ziels – benannt, sondern eine in hohem Maße wettbewerbs*fähige* Marktwirtschaft. Damit ist in keiner Weise präjudiziert, ob die Wettbewerbsfähigkeit der EU-Marktwirtschaft bzw. seiner Unternehmen durch eine interventionsaverse, dem freien Markt das Wirtschaftsgeschehen überlassende Politik erreicht werden soll oder etwa durch gezielte hoheitliche Steuerung seitens der Mitgliedstaaten und der EU – letztere Position hat nicht zuletzt die jüngste Grundgesetzänderung „Sondervermögen für Infrastruktur" getrieben und verbirgt sich (teils etwas verschämt)[57] mutatis mutandis seit Langem unter dem Label „Industriepolitik". Die mithin instrumentell und inhaltlich offene Forderung nach einer in hohem Maße wettbewerbsfähigen Marktwirtschaft konfligiert mithin nicht mit dem dezidierten inhaltlichen Ziel der Sozialität dieser Marktwirtschaft und mag es folglich auch nicht zu relativieren. Und Weiteres kommt hinzu: Die derartig verfasste Marktwirtschaft soll auf „Vollbeschäftigung und sozialen Fortschritt abzielen". Und auch wenn die Zielstellung „Vollbeschäftigung" im Hinblick auf die Instrumente, mithilfe derer diese zu erreichen ist – plakativ gesprochen: Markt oder Staat? –, letztlich unentschieden bleibt, ist doch die Ausrichtung der Marktwirtschaft auf „sozia-

57 Erinnert sei etwa an den ehemaligen Bundeswirtschaftsminister (1984-1988) Martin Bangemann (FDP), welcher, ohne dies als substanziellen Wandel zu markieren, die von ihm und seiner Partei wie ein Mantra gepflegte interventionsaverse Marktfreiheit als Binnenmarktkommissar (1989-1993) programmatisch grosso modo in eine Industriepolitik nach japanischem Vorbild (entsprechend der Politik des MITI) münden ließ, vgl. *Bangemann*, Mut zum Dialog: Wege zu einer europäischen Industriepolitik.

len Fortschritt“ erneuter Ausdruck der dezidierten Hinwendung der Unionsziele auf eine soziale Imprägnierung der unionalen Wirtschaftspolitik respektive ihrer marktwirtschaftlichen Ordnung.

3. Rechtsdogmatische Relevanz der Unionsziele

Nun mag man noch vortragen, die Zielformulierungen im primären Unionsrecht und namentlich in Art. 3 AEUV seien ohne (unmittelbare) rechtliche Bedeutung und lediglich ideell-symbolischer Natur. Eine solche These müsste angesichts der Verortung der Zielbestimmungen im EU-Verfassungstext begründen, warum es sich dessen unbeschadet nicht um (Verfassung-)Recht handelt. Belastbare Gründe dafür werden soweit ersichtlich nicht vorgetragen. Den (grundlegenden) Zielen der Union ist selbstverständlich – den Staatszielbestimmungen verschiedener nationalsprachlicher Verfassungen und nicht zuletzt des Grundgesetzes vergleichbar – bei der EU-Sekundärrechtssetzung sowie der Auslegung und Anwendung von Unionsrecht insgesamt Bedeutung beizumessen. Dabei lässt sich im Hinblick auf die Intensität der Bindung durch die Ziele ebenso selbstverständlich keine generelle und namentlich kontextunabhängige Aussage treffen. Indessen sprechen gute Gründe dafür, den unionsverfassungsrechtlichen Zielbestimmungen ein tendenziell höheres Gewicht beizumessen als den Staatszielbestimmungen in den mitgliedstaatlichen Verfassungen, geben die (nicht zuletzt durch den Vertrag von Lissabon modifizierten) Unionsziele dem Integrationsprozess doch eine (nicht zuletzt soziale) Richtung vor.[58]

58 Siehe auch *Ruffert*, in: Calliess/ders. (Hrsg.), EUV/AEUV, Art. 3 EUV, Rn. 2.

D. EU-Beihilfenrecht und die soziale Ausrichtung respektive Imprägnierung mitgliedstaatlicher (transformationsgetriebener) Zuwendungen

Der nachfolgende Teil des Gutachtens (D.) ist der unionsrechtlichen und namentlich beihilferechtlichen Bewertung mitgliedstaatlicher Zuwendungen an Unternehmen vor dem Hintergrund der in Teil B. und insbesondere Teil C. herausgearbeiteten dezidiert sozialen Zielausrichtung des primären Unionsrechts gewidmet. In den Blick genommen wird sowohl das EU-Primärrecht nach den Art. 107-109 AEUV als auch das sekundäre und tertiäre EU-Beihilfenrecht. Insoweit geht es einerseits um eine Befundung des EU-Beihilfenrechts unter Einschluss der Rechtsprechung der Unionsgerichtsbarkeit und andererseits um das Aufzeigen von unionsrechtlich möglichen oder gar indizierten Spielräumen im Interesse einer Stärkung der sozialen Dimension unter Einbeziehung der in den Teilen B. und C. des Gutachtens erarbeiteten Ergebnisse.

Wie bereits einleitend ausgeführt, wird angesichts verbreitet als unausweichlich wahrgenommener gravierender Transformationsprozesse (auch) in Europa kaum mehr in Frage gestellt, dass „die Wirtschaft" hoheitlicher Hilfe bedarf. Indessen bedürfen mitgliedstaatliche Zuwendungen als Beihilfen im Sinne des EU-Beihilfenrechts regelmäßig einer Rechtfertigung nach Maßgabe der einschlägigen Regeln. Hier wird neben dem Eingehen auf ausschließlich oder jedenfalls primär sozial motivierte Beihilfen insbesondere in den Blick genommen, ob und inwieweit (primär) auf Transformationstauglichkeit ausgerichtete Zuwendungen nach Maßgabe des primären, sekundären und tertiären EU-Beihilfenrechts durch eine soziale Imprägnierung der Zuwendungen eine erhöhte Legitimität erhalten – und infolgedessen eine höhere Beihilfenintensität gerechtfertigt wäre oder dadurch (im Einzelfall) gar erst ihre Zulässigkeit begründet würde. Eine solche soziale Imprägnierung kann etwa darin liegen, dass die (Höhe der) Zuwendung von Standort-, Arbeitsplatzerhaltungs- und ggfs. Tariftreuezusagen abhängig gemacht wird.[59]

59 Vgl. zu konkreten Fallbeispielen oben A. mit Fn. 1 und 2.

I. Grundstrukturen des EU-Beihilfenrechts

Das primäre EU-Beihilfenrecht findet sich als Teil des Wettbewerbskapitels des AEUV (Art. 101 bis 109 AEUV) in den Art. 107 bis 109 AEUV.

Art. 107 Abs. 1 AEUV konstituiert ein grundsätzliches Verbot staatlicher Beihilfen,[60] soweit sie aufgrund wettbewerbsverfälschender Wirkungen den Handel zwischen den Mitgliedstaaten beeinträchtigen.

Von diesem Verbot sehen Art. 107 Abs. 2 lit. a)–c) und Abs. 3 lit. a)–e) Ausnahmen vor. Während die Kommission bei der Anwendung von Abs. 3[61] nach allgemeiner Auffassung über einen Ermessensspielraum verfügt,[62] wird dies hinsichtlich Abs. 2 überwiegend abgelehnt.[63] Des Weiteren enthält Art. 106 Abs. 2 AEUV eine Art Bereichsausnahme vom Beihilfenverbot, respektive eine bereichsspezifische Sonderregelung für „Dienstleistungen von allgemeinem wirtschaftlichem Interesse".[64]

Art. 108 AEUV regelt sodann das Verfahren, in dem die Vereinbarkeit staatlicher Beihilfen mit dem Binnenmarkt durch die Kommission (oder nach Art. 108 Abs. 2 UAbs. 3 AEUV durch den Rat) festgestellt wird. Danach muss gem. Art. 108 Abs. 3 AEUV grundsätzlich jede Beihilfe vor ihrer Gewährung von der Kommission gebilligt werden.

Art. 109 AEUV ermächtigt schließlich den Rat, Verordnungen zu den Art. 107 f. AEUV zu erlassen, wobei Art. 108 Abs. 4 AEUV seit dem Inkrafttreten des Vertrags von Lissabon ausdrücklich eine partielle Subdelegation vom Rat auf die Kommission bzgl. des Erlasses von Freistellungsverordnungen er-

60 Statistische Angaben zur Vergabe von staatlichen Beihilfen finden sich seit 2014 in dem von der Kommission veröffentlichten „Anzeiger für staatliche Beihilfen", abrufbar unter *http://ec.europa.eu/competition/state_aid/scoreboard/index_en.html* (zuletzt aufgerufen am: 14/05/2025) der an die Stelle der seit 1989 in schriftlicher Form erscheinenden Berichte über die von den EU-Mitgliedstaaten gewährten staatlichen Beihilfen tritt, sowie in den jährlich erscheinenden Berichten über die Wettbewerbspolitik. Seit 1981 wird die Aufsichtspraxis der Kommission in den Berichten über die Wettbewerbspolitik vollständig dokumentiert.

61 Eine Sonderrolle innerhalb von Art. 107 Abs. 3 nimmt lit. e) ein, wonach der Rat – auf Vorschlag der Kommission – durch einen Beschluss Beihilfen für mit dem Binnenmarkt vereinbar erklären kann.

62 Vgl. dazu m. w. N. *Cremer*, in: Calliess/Ruffert (Hrsg.), EUV/AEUV, Art. 107, Rn. 50 f.

63 Vgl. dazu m. w. N. und zur durchaus zwiespältigen Rechtsprechung des EuGH *Cremer*, in: Calliess/Ruffert (Hrsg.), EUV/AEUV, Art. 107, Rn. 45.

64 Näher dazu *Cremer*, in: Calliess/Ruffert (Hrsg.), EUV/AEUV, Art. 107, Rn. 19 ff.

laubt.[65] Um ein solches sog. Tertiärrecht handelt es insbesondere bei der (derzeit gültigen) Allgemeinen Gruppenfreistellungsverordnung, der Verordnung (EU) Nr. 651/2014 der Kommission vom 17. Juni 2014[66] (AGVO 2014), zuletzt geändert durch die Verordnung (EU) 2021/1237 der Kommission vom 23. Juli 2021. Die AGVO 2014 legt u. a. fest, unter welchen Bedingungen staatliche Beihilfen als mit dem Binnenmarkt vereinbar gelten und daher von der Anmelde- und Billigungspflicht des Art. 108 Abs. 3 AEUV ausgenommen sind.

Seit Langem existieren unterhalb der Verordnungsebene zudem verschiedene sog. Leitlinien, Unionsrahmen,[67] Mitteilungen und Kodizes der Kommission,[68] mit denen die Kommission ihre zukünftig beabsichtigte Praxis über die Auslegung bzw. Anwendung von Art. 107, 108 und 106 Abs. 2 AEUV auf bestimmte Arten von Beihilfen offenlegt. Infolgedessen billigt die Kommission Beihilfen regelmäßig nur, wenn sie die Voraussetzungen des einschlägigen generellen Aktes erfüllen. Die Unionsgerichtsbarkeit hat diese Praxis, soweit die Leitlinien, Unionsrahmen, Mitteilungen bzw. Kodizes mit höherrangigem Recht im Einklang stehen, im Grundsatz akzeptiert[69] und konzentriert sich bei der Überprüfung der Rechtmäßigkeit der (Nicht-)Genehmigung einer Beihilfe zunehmend auf die Übereinstimmung der Kommissionsbeschlüsse mit den einschlägigen Leitlinien, Unionsrahmen, Kodizes oder Mitteilungen.[70] Dabei bindet sich die Kommission nach der Rechtsprechung der Unionsgerichtsbarkeit

---

65 Damit wird freilich „lediglich" eine schon zuvor geübte, aber teils kritisierte Praxis positiviert. Der Rat muss in der Ermächtigungsverordnung (nach wie vor) festlegen, für welche Arten von Beihilfen die Kommission entsprechende Freistellungsverordnungen erlassen darf. Näher dazu *Erlbacher,* in: von der Groeben/Schwarze/Hatje (Hrsg.), Europäisches Unionsrecht, Bd. III, Art. 109, Rn. 6.

66 Verordnung (EU) Nr. 651/2014 der Kommission vom 17.6.2014zur Feststellung der Vereinbarkeit bestimmter Gruppen von Beihilfen mit dem Binnenmarkt in Anwendung der Art. 107 und 108 des AEUV, ABl. 2014 Nr. L 187/1.

67 Früher firmierten diese als „Gemeinschaftsrahmen".

68 Übersicht bei *Götz,* in: Dauses/Ludwigs (Hrsg.), Hb.EUWirtR, H. III., Rn. 28; vgl. zur nicht einheitlich beurteilten (unterschiedlichen) Rechtsnatur dieser Akte *Mederer,* in: von der Groeben/Schwarze/Hatje, EU-Recht, Band III, Art. 107, Rn. 218 ff., insbesondere Rn. 222 ff.; *Pampel,* EuZW 2005, S. 11 ff.; *Jestaedt/Häsemeyer,* EuZW 1995, S. 787 (789); *von Graevenitz,* EuZW 2013, S. 169 ff.; *Soltész,* EuZW 2013, S. 881 ff.

69 EuGH, Rs. C-288/96, Slg. 2000, I-8237 (Rn. 62) – Deutschland/Kommission.

70 EuG, Rs. T-16/96, Slg. 1998, II-757 (Rn. 57) – Cityflyer/Kommission; Rs. T-380/10, ECLI:EU:T:2013:449 (Rn. 186) – Wabco Europe u. a./Kommission; EuGH, Rs. C-559/12 P, ECLI:EU:C:2014:217 (Rn. 97 ff.) – Frankreich/Kommission.

in ihrer Entscheidungspraxis durch die Veröffentlichung dieser generellen Akte selbst und schränkt mithin ihr Ausübungsermessen ein.[71]

II. Soziale Imprägnierungen des EU-Beihilfenrechts

Im Anschluss an die geschilderte grundlegende Struktur bzw. Funktionsweise des EU-Beihilfenrechts soll nunmehr der sozialen Dimension dieses Rechtsgebiets nachgegangen werden. Nachgespürt werden soll der Frage, inwieweit sich das EU-Beihilfenrecht gegenüber einer sozialen Imprägnierung der Gewährung von Unternehmensunterstützungen öffnet oder diese sogar nahelegt oder (fallweise) sogar als conditio sine qua non für die Zulässigkeit einer (konkret beabsichtigten) Beihilfengewährung zu qualifizieren ist. Um es anhand eines oben skizzierten Beispiels zu illustrieren: Ist es beihilfenrechtlich zulässig oder gar geboten, die Gewährung von Zuwendungen an Unternehmen im Rahmen sog. Klimaschutzverträge oder bei der Vergabe von sog. Rettungsbeihilfen von sozialen Kautelen wie Standort-, Arbeitsplatzerhaltungs- oder Tariftreuezusagen abhängig zu machen? Des Weiteren sollen „soziale Lücken" im sekundären und tertiären EU-Beihilfenrecht sowie in den Leitlinien, Unionsrahmen, Mitteilungen und Kodizes der Kommission aufgedeckt werden.

1. Primärrecht

a) Art. 107 Abs. 1 AEUV

Es entspricht einem weitgehenden Konsens, dass eine Beihilfe im Sinne von Art. 107 Abs. 1 AEUV alle Maßnahmen erfasst, die gleich in welcher Form (Tun oder Unterlassen) die Belastungen verringern, die ein Unternehmen

71 EuGH, Rs. C-169/95, Slg. 1997, I-135 (Rn. 19 ff.) – Spanien/Kommission; EuG, Rs. T-149/95, Slg. 1997, II-2031 (Rn. 61) – Durcos/Kommission; Rs. T-380/94, Slg. 1996, II-2169 (Rn. 57) – AIUFFASS/Kommission; Rs. T-16/96, Slg. 1998, II-757 (Rn. 57) – Cityflyer/Kommission; Rs. T-214/95, Slg. 1998, II-717 (Rn. 89) – Vlaams Gewest/Kommission, wonach zusätzlich der Gleichheitssatz zu beachten sei. Eine Abweichung sei nur im begründeten Einzelfall und unter Berücksichtigung des Gleichbehandlungsgrundsatzes und des Vertrauensschutzes zulässig, EuGH, Rs. C-226/11, ECLI:EU:C:2012:795 – Expedia. Vgl. zu dieser Rechtsprechung (grundsätzlich zustimmend) *Cremer*, in: Calliess/Ruffert (Hrsg.), EUV/AEUV, Art. 107 AEUV, Rn. 4; *von Graevenitz*, EuZW 2013, S. 169.

„normalerweise“[72] zu tragen hat.[73] Inhaltlich gleichgerichtet[74] wird formuliert, dass der Beihilfenbegriff in beliebiger Form gewährte Zuwendungen erfasse, die keine marktgerechte Gegenleistung für eine von diesem Wirtschaftsteilnehmer erbrachte Leistung darstellen.[75] Die Qualifizierung einer Maßnahme als Beihilfe richtet sich folglich ausschließlich nach ihren Wirkungen; Gründe oder Ziele ihrer Gewährung bleiben bei der Anwendung von Art. 107 Abs. 1 AEUV außer Betracht.[76] Demgemäß sind keine Bereichsausnahmen, namentlich solche im Bereich Soziales, vom Beihilfenbegriff anzuerkennen.[77]

b) Art. 107 Abs. 2 und 3 AEUV

Während dem Verbotstatbestand des Art. 107 Abs. 1 AEUV also jegliche soziale Dimension fehlt, findet sich eine solche Prägung in einigen nachfolgend entfalteten Ausnahmetatbeständen nach Art. 107 Abs. 2 und 3 AEUV und zudem in dem in Art. 106 Abs. 2 AEUV adressierten, hier aber nicht zu vertiefenden Sonderregime für „Dienstleistungen von allgemeinem wirtschaftlichem Interesse“.[78]

---

72 Keinen (selektiven) Vorteil stellt nach EuG, Rs. T-143/12, ECLI:EU:T:2016:406 (Rn. 142 ff.), die Minderung von Belastungen dar, die einem bestimmten Unternehmen zuvor im Unterschied zu seinen Wettbewerbern auferlegt worden waren und es somit zunächst benachteiligten.

73 EuGH, Rs. C-310/99, Slg. 2002, I-2289 (Rn. 51) – Italien/Kommission; Rs. C-404/97, Slg. 2000, I-4897 (Rn. 44) – Kommission/Italien; Rs. C-75/97, Slg. 1999, I-3671 (Rn. 23) – Belgien/Kommission; Rs. C-39/94, Slg. 1996, I-3547 (Rn. 58) – SFEI/La Poste; Rs. C-387/92, Slg. 1994, I-877 (Rn. 12) – Banco de Crédito/Ayuntamiento de Valencia; Rs. 78/76, Slg. 1977, 595 (Rn. 22) – Steinike und Weinlig; Rs. 57/86, Slg. 1988, 2869 (Rn. 8) – Griechenland/Kommission; Rs. 61/79, Slg. 1980, 1205 (Rn. 31) – Denkavit Italiana; Rs. 30/59, Slg. 1961, 1, 7 – De Gezamlijke Steenkolenmijen, dort bzgl. Art. 4 lit. c) EGKSV; Stellungnahme der Kommission Rs. 730/79, Slg. 1980, 2671 (S. 2678) – Philip Morris; *Knopf*, DVBl. 1980, S. 106 (107); vgl. speziell zur Nichtdurchsetzung von Forderungen der öffentlichen Hand als Beihilfe *Soltész/Makowski*, EuZW 2003, S. 73 ff.

74 A. A. insoweit wohl *Modlich*, Nationale Infrastrukturmaßnahmen und Artikel 92 Abs. 1 EGV, S. 24 ff.

75 *Lefèvre*, Staatliche Ausfuhrförderung und das Verbot wettbewerbsverfälschender Beihilfen im EWG-Vertrag, 113 f.; *Rengeling*, in: KSE, Bd. 32, S. 23 (27); *Ehle/Meier*, EWG-Warenverkehr, Außenhandel-Zölle-Subventionen, S. 244; *Hoischen*, Die Beihilfenregelung in Art. 92 EWGV, S. 38; *Müller-Graff*, ZHR 152 (1988), S. 403 (418); *Bach*, Wettbewerbsrechtliche Schranken für staatliche Maßnahmen nach europäischem Gemeinschaftsrecht, S. 7; *Niemeyer*, EuZW 1993, S. 273 ff.; *Lasok*, ECLRev. 1986, S. 53 (56); *Kliemann*, in: von der Groeben/Schwarze/Hatje (Hrsg.), Europäisches Unionsrecht, Bd. III, Art. 107, Rn. 7; a. A. noch *Götz*, Recht der Wirtschaftssubventionen, S. 105 f., wonach die Unentgeltlichkeit für eine Beihilfe begriffsnotwendig sei.

76 EuGH, Rs. C-382/99, Slg. 2002, I-5163 (Rn. 61) – Niederlande/Kommission; Rs. C-404/97, Slg. 2000, I-4897 (Rn. 44) – Kommission/Italien; Rs. C-75/97, Slg. 1999, I-3671 (Rn. 23) – Belgien/Kommission; Rs. 310/85, Slg. 1987, 901 (Rn. 8) – Deufil/Kommission; Rs. 173/73, Slg. 1974, 709 (Rn. 26, 28) – Italien/Kommission; *Müller-Graff*, ZHR 152 (1988), S. 403 (416). Bedeutung erlangen Gründe und Ziele der Beihilfengewährung erst im Rahmen der Abs. 2 und 3.

77 EuGH, Rs. C-342, Slg. 1999, I-2459 (Rn. 23) – Spanien/Kommission; EuG, Rs. T-14/96, Slg. 1999, II-139 (Rn. 81) – BAI/Kommission.

78 Dazu näher *Cremer*, in: Calliess/Ruffert (Hrsg.), EUV/AEUV, Art. 107, Rn. 19 ff.

aa) Evident soziale Ausrichtung oder Imprägnierung

(1) Art. 107 Abs. 2 lit. a) AEUV

Eine dezidiert soziale Ausrichtung weist zunächst Art. 107 Abs. 2 lit. a) AEUV auf. Danach sind „Beihilfen sozialer Art an einzelne Verbraucher“[79] mit dem Binnenmarkt vereinbar, wenn sie ohne Diskriminierung nach der Herkunft der Ware gewährt werden.[80] Die Anwendung dieser Ausnahmebestimmung setzt voraus, dass nur eine bestimmte Gruppe („einzelne“), nicht aber alle Verbraucher begünstigt werden.[81] Denn der für die Anwendung von Abs. 2 lit. a) notwendige soziale Charakter der Beihilfe muss sich gerade aus dem Begünstigtenkreis (bedürftige Personen) ergeben.[82] Ist Art. 107 Abs. 2 lit. a) AEUV wohl auch insbesondere auf Lebensmittel-, Heizmittel- und Kleidungsbeihilfen zugeschnitten,[83] finden sich nunmehr in Art. 51 AGVO 2014 Regelungen über Sozialbeihilfen für die Beförderung von Endverbrauchern, die ihren gewöhnlichen Wohnsitz in entlegenen Gebieten haben. Beihilfen für die Personenbeförderung per Flugzeug und Schiff sind danach im Sinne des Art. 107 Abs. 2 lit a) mit dem Binnenmarkt vereinbar und von der Anmeldepflicht nach Art. 108 Abs. 3 AEUV freigestellt, sofern die Voraussetzungen von Art. 51 Abs. 2–5 AGVO 2014 erfüllt sind[84] und die Beihilfeintensität gem. Art. 51 Abs. 6 AGVO 2014 100 % der beihilfefähigen Kosten nicht überschreitet.

(2) Art. 107 Abs. 2 lit. c) AEUV

Auf eine Unterstützung (sozial) benachteiligter Gebiete ist sodann Art. 107 Abs. 2 lit. c) AEUV gerichtet. Indessen ist die Norm mittlerweile faktisch außer Kraft gesetzt, denn adressiert sind bzw. waren durch die Norm die durch die Teilung Deutschlands wirtschaftlich benachteiligten Gebiete, ergo die sog. Zonenrandgebiete, Berlin (West) und das Saarland. Nichtsdestotrotz bleibt die Norm ein Beleg für die grundsätzliche Offenheit des EU-Beihilfenrechts für sozialpolitisch motivierte Ausnahmen vom Beihilfenverbot nach Art. 107 Abs. 1 AEUV.

---

79 Ob auch Zuwendungen an Unternehmen, bei denen die begünstigende Wirkung beim Verbraucher eintreten soll, erfasst sind, ist umstritten, vgl. *Martenczuk*, in: von der Groeben/Schwarze/Hatje (Hrsg.), Europäisches Unionsrecht, Bd. III, Art. 107, Rn. 198 mit Fn. 632. Ausführlicher dazu *Nielandt*, Das SGB III als Konfliktfeld von Sozial- und Wettbewerbsrecht, S. 191 ff.

80 Die Anwendung dieser Ausnahmebestimmung setzt selbstverständlich voraus, dass die Zuwendungen als bestimmte Unternehmen oder Produktionszweige begünstigende Beihilfen im Sinne von Abs. 1 zu qualifizieren sind.

81 Vgl. dazu auch *Martenczuk*, in: von der Groeben/Schwarze/Hatje (Hrsg.), EU-Recht, Band III, Art. 107 AEUV, Rn. 200; zu Sonderfällen *Bär-Bouyssière*, in: Schwarze (Hrsg.), EU-Kommentar, Art. 107, Rn. 35.

82 Das in der Norm verankerte Diskriminierungsverbot ist auch auf Dienstleistungen anwendbar, *Martenczuk*, in: von der Groeben/Schwarze/Hatje (Hrsg.), EU-Recht, Band III, Art. 107 AEUV, Rn. 201.

83 Vgl. dazu *Martenczuk*, in: von der Groeben/Schwarze/Hatje (Hrsg.), EU-Recht, Band III, Art. 107 AEUV, Rn. 199.

84 Adressiert sind dort insbesondere die Zielgenauigkeit des Begünstigtenkreises und gleiche Wettbewerbsbedingungen der Produktanbieter.

(3) Art. 107 Abs. 3 lit. a) AEUV

Dezidiert zum Ausdruck kommt die soziale Ausrichtung einer Ausnahme weiterhin in Art. 107 Abs. 3 lit. a) AEUV. Die Ausnahmebestimmung adressiert Beihilfen zur Förderung der wirtschaftlichen Entwicklung von Gebieten, in denen die Lebenshaltung außergewöhnlich niedrig ist oder eine erhebliche Unterbeschäftigung herrscht.[85] Diese Formulierungen werden allgemein dahingehend verstanden, dass Gebiete erfasst sind, die gemessen am Unionsniveau in sozioökonomischer Hinsicht besonders erheblich unterentwickelt sind.[86] Dieser Erkenntnis folgend hat die Kommission seit 1988 in mehreren Mitteilungen ihre Methode zur Anwendung von Art. 107 Abs. 3 lit. a) AEUV auf Regionalbeihilfen[87] und sodann im März 1998 erstmals Leitlinien für staatliche Beihilfen mit regionaler Zielsetzung[88] veröffentlicht. Derzeit gelten die Leitlinien für Regionalbeihilfen 2022–2027.[89] Auf inhaltliche Details der Leitlinien kann hier nicht eingegangen werden;[90] auf Folgendes sei aber hingewiesen: Als Fördergebiete im Sinne von Art. 107 Abs. 3 lit. a) AEUV werden solche Regionen eingestuft,[91] in denen das Bruttosozialprodukt pro Kopf der Bevölkerung gemessen an Kaufkraftstandards 75 % des Unionsdurchschnitts nicht überschreitet.[92] Keine Anwendung finden die Leitlinien sektorenübergreifend auf Beihilfen zu Gunsten von Unternehmen in Schwierigkeiten im Sinne der Leitlinien für staatliche Beihilfen zur Rettung und Umstrukturierung von Unternehmen.[93] Jenseits der Leitlinien sind bestimmte Regionalbeihilfen nach den Art. 13 ff. AGVO 2014 mit dem Binnenmarkt vereinbar und von der Anmeldepflicht des Art. 108 Abs. 3 AEUV befreit.[94]

---

85 Zudem einbezogen sind die in Art. 349 AEUV genannten Gebiete.

86 EuGH, Rs. 730/79, Slg. 1980, 2701 (Rn. 25) – Philip Morris/Kommission; Rs. 248/84, Slg. 1987, 4013 (Rn. 19) – Deutschland/Kommission.

87 Erstmals 1988, Mitteilung der Kommission an die Mitgliedstaaten über die Methode zur Anwendung von Art. 92 Abs. 3 lit. a) und c) auf Regionalbeihilfen, ABl. 1988 Nr. C 212/2.

88 ABl. 1998 Nr. C 74/9.

89 ABl. 2021 Nr. C 153/01

90 Vgl. dazu *Segura Catalán*, in: von der Groeben/Schwarze/Hatje, EU-Recht, Band III, Art. 107 AEUV, Rn. 283 ff.

91 Ein Fördergebiet nach lit. a) entspricht gewöhnlich einer geographischen Einheit der sog. NUTS-Ebene II (Nomenclature of Territorial Units for Statistics, vgl. Verordnung (EG) Nr. 1059/2003 des Europäischen Parlaments und des Rates über die Schaffung einer gemeinsamen Klassifikation der Gebietseinheiten für die Statistik (NUTS), ABl. 2003 Nr. L 154/1).

92 Leitlinien für Regionalbeihilfen 2014–2020, ABl. 2013 Nr. C 209/1, Rn. 150. Wird einem Unternehmen in einem Gebiet, in welchem die 75 %-Schwelle nicht erreicht wird, eine Beihilfe gewährt, ist diese indessen nicht automatisch freizustellen; die Auswirkung auf die relevanten Märkte in der gesamten Union dürfen bzw. müssen von der Kommission berücksichtigt werden. Das gilt trotz des Fehlens der nur in Art. 107 Abs. 3 lit. c) AEUV ausdrücklich genannten Einschränkung, wonach eine Beihilfe „die Handelsbedingungen nicht in einer Weise verändern (darf), die dem gemeinsamen Interesse zuwiderläuft", so jedenfalls EuGH, Rs. C-169/95, Slg. 1997, I-135 (Rn. 16 f.) – Spanien/Kommission.

93 Im Rahmen der COVID-19-Krise wurde diese Regelung jedoch in Bezug auf solche Unternehmen suspendiert, die zwischen dem 01.01.2020 und dem 30.06.2021 zu Unternehmen in Schwierigkeiten wurden, siehe Mitteilung der Kommission vom 02.07.2020, ABl. 2020 Nr. C 224/2, Punkt 9. a).

94 Dazu *Jestaedt*, in: Heidenhain (Hrsg.), European State Aid Law, § 15, Rn. 43 ff.

(4) Ergebnis

Die vorstehend erörterten Ausnahmebestimmungen des Art. 107 Abs. 2 lit. a) und c) sowie Abs. 3 lit. a) AEUV zeigen, dass das EU-Beihilfenaufsichtsrecht für die die dort avisierten Konstellationen aus sozialen Motiven gezielt vom grundsätzlich bestehenden Beihilfenverbot suspendiert (Legalausnahmen) bzw. der Kommission eine Suspendierung ermöglicht, wenn nicht nahelegt (Ermessensausnahme). Gleichzeitig wird damit eine grundsätzliche Offenheit für eine soziale Imprägnierung des Beihilfenaufsichtsrecht als Ganzem signalisiert. Soziale Bindungen wie eine Festlegung von Mindestarbeitsbedingungen lassen sich allerdings nicht ohne Weiteres auf die genannten Ausnahmen stützen.

bb) Implizite soziale Ausrichtung oder Imprägnierung

Jenseits der dezidierten Adressierung sozialer Gesichtspunkte in den vorbehandelten Ausnahmetatbeständen finden sich Ausnahmetatbestände, welchen eine solche Ausrichtung implizit zu entnehmen ist bzw. entnommen werden kann.

(1) Art. 107 Abs. 3 lit. c) 2. Var. AEUV

Zu nennen ist zunächst Art. 107 Abs. 3 lit. c) AEUV, dem in Anknüpfung an seine 2. Var. („gewisse Wirtschaftsgebiete") unter dem Topos „Regionale Beihilfen II" nicht zuletzt von der EU-Kommission eine soziale Prägung zugeordnet wird. Aufgrund dessen sind verschiedene abstrakt-generelle Regelungen in Gestalt von Unionsrahmen, Leitlinien und Mitteilungen sowie der Gruppenfreistellungsverordnungen verabschiedet worden. Gleichzeitig findet sich eine entsprechende Genehmigungspraxis der Kommission, soweit die entsprechenden Beihilfen nicht aufgrund abstrakt-genereller Regelungen, zuvörderst der AGVO 2014, bereits von der Notifizierungspflicht des Art. 108 Abs. 3 AEUV befreit sind. Das entsprechende Freistellungs- und Genehmigungsregime ist bereits hinreichend dokumentiert[95] und muss hier nicht nochmals nachgezeichnet werden. Wohl aber ist hervorzuheben, dass einer beihilfenrechtlichen Privilegierung von Förderungen bestimmter benachteiligter Wirtschaftsgebiete – jenseits der Regionalbeihilfen gem. Art. 107 Abs. 3 lit. a) AEUV – als Regionalbeihilfen zweiter Ordnung angesichts der Formulierung des Ausnahmetatbestandes in Art. 107 Abs. 3 lit. c) 2. Var. AEUV in Verbindung mit dem im vorigen Kapitel herausgearbeiteten Befund einer prononciert sozialen Ausrichtung der grundlegenden Ziele der Union nachdrücklich zuzustimmen ist.

95 Vgl. nur *Cremer*, in: Calliess/Ruffert (Hrsg.), EUV/AEUV, Art. 107, Rn. 62.

(2) Art. 107 Abs. 3 lit. b) 1. Var. AEUV

Im Unterschied zu Art. 107 Abs. 3 lit. c) 2. Var. AEUV ordnen – wie nachfolgend illustriert wird – die Unionsorgane der „Förderung wichtiger Vorhaben von gemeinsamem europäischem Interesse“ i. S. v. Art. 107 Abs. 3 lit. b) 1. Var. AEUV – soweit ersichtlich – keine (nennenswerte) soziale Ausrichtung bzw. Prägung zu. Dies ist jenseits der Anwendbarkeit anderer Ausnahmetatbestände, insbesondere Art. 107 Abs. 3 lit. c) 2. Var. AEUV, deshalb von durchaus erheblicher praktischer Bedeutung, weil nicht zuletzt die EU-Kommission wohl (zu Recht) der Auffassung ist, dass die Förderung wichtiger Vorhaben von gemeinsamem europäischem Interesse“ i. S. v. Art. 107 Abs. 3 lit. b) 1. Var. AEUV grundsätzlich förderungswürdiger ist als etwa die Unterstützung eines Vorhabens im Sinne von Art. 107 Abs. 3 lit. c) AEUV.[96] Diese Position (der Kommission) überzeugt schon deshalb, weil die Qualifikation eines Vorhabens als eines von gemeinsamem europäischem Interesse gem. Art. 107 Abs. 3 lit. b) 1. Var. AEUV in Abgrenzung zu Art. 107 Abs. 3 lit. c) AEUV höhere oder besser überhaupt positive Anforderungen an die Anwendung der Ausnahmebestimmung stellt.

Dessen unbeschadet bleibt die Frage, wie das unbestimmte Tatbestandsmerkmal „wichtiges Vorhaben von gemeinsamem europäischem Interesse“ zu deuten ist, und insbesondere ob das Merkmal einen sozialen Bezug aufweist.

(a) Unionsgerichtsbarkeit

Die Unionsgerichtsbarkeit hat bislang nur wenig zu einem einzelfallübergreifenden Verständnis von Art. 107 Abs. 3 lit. b) 1. Var. AEUV beigetragen. Als wichtiges Vorhaben von gemeinsamem europäischem Interesse hat der EuGH im Grundsatz von mehreren Mitgliedstaaten getragene Programme zur Bekämpfung einer gemeinsamen Gefahr wie der Umweltverschmutzung qualifiziert.[97] Indessen sollte die Beteiligung mehrerer Mitgliedstaaten an einem durch diese geförderten Vorhaben m.E. nicht mehr als ein Indiz dafür sein, dass dieses Vorhaben nicht bloß im mehrfachen einzelstaatlichen Interesse, sondern im Unionsinteresse liegt. Und mehr noch sollte die Transnationalität nicht als notwendige Voraussetzung für die Anwendung von Art. 107 Abs. 3

96 Dies folgt aus einer Praxis, welche die Höhe der zulässigen Beihilfenintensität konstellationsabhängig u. a. vom einschlägigen Ausnahmetatbestand abhängen lässt. Siehe auch *Mitteilung der Kommission über Kriterien für die Würdigung der Vereinbarkeit von staatlichen Beihilfen zur Förderung wichtiger Vorhaben von gemeinsamem europäischem Interesse mit dem Binnenmarkt*, Ziff. 8 und mindestens implizit Ziff. 11 ff., ABl. 2014 Nr. C 188/4.

97 EuGH, verb. Rs. 62/87 und 72/87, Slg. 1988, 1573 (Rn. 22) – Exécutif régional Wallon/Kommission; vgl. eingehender zur Interpretation dieser Passage *Cremer*, Forschungssubventionen im Lichte des EGV, S. 143 f.; vgl. zur Nichtanwendung von Abs. 3 lit. b) 1. Var. seitens der Kommission auch EuGH, Rs. 730/79, Slg. 1980, 2691 (Rn. 25) – Philip Morris/Kommission.

lit. b) 1. Var. AEUV eingestuft werden.[98] Maßgeblich muss vielmehr die materielle Zielsetzung eines Vorhabens sein. Insoweit ist anhand der unionsrechtlichen Zielvorgaben zu fragen, ob das Vorhaben per saldo (unter Berücksichtigung der Nachteile) im besonderen Interesse der Union liegt. Und insoweit ist selbstverständlich in erster Linie auf die Ziele in Art. 3 EUV zu rekurrieren.[99] Und demzufolge kommt der sozialen Ausrichtung respektive Imprägnierung eines Vorhabens nach der vorstehenden Zielanalyse eine besonders exponierte Bedeutung zu. Dementsprechend gilt, dass sich die Qualifikation eines Vorhabens als eines von „gemeinsamem europäischem Interesse" sowohl aus der *Summe* der Unionsziele, zu denen eine Förderung beiträgt, folgen kann, als auch aus einem hoch anzusiedelnden Beitrag zur Verwirklichung *eines* besonders gewichtigen Unionsziels.[100] Danach kommen in Konsequenz der Befunde aus den Teilen B. und C. dieses Gutachtens insbesondere transformationsgetriebene Vorhaben mit sozialer Imprägnierung oder solche in Betracht, bei denen die soziale Ausrichtung dominiert.

(b) Kommission

Schaut man auf die Kommissionspraxis, wendet diese die Vorschrift vor allem auf transnationale Vorhaben an, namentlich aus den Bereichen Forschung und Entwicklung sowie Energieeinsparung und Umweltschutz.[101] Die Kommission nutzt folglich die Spielräume, die der Ausnahmetatbestand für die Einbeziehung sozialer Gesichtspunkte öffnet und deren Einstellung sich angesichts der Ausführungen in Teil C. dieses Gutachtens aufdrängt, nicht angemessen aus.

Einen passgenauen Weg zur sozial ausgerichteten Modifikation der Kommissionpraxis weist freilich die *Mitteilung der Kommission über Kriterien für die Würdigung der Vereinbarkeit von staatlichen Beihilfen zur Förderung wichtiger Vorhaben von gemeinsamem europäischem Interesse mit dem Binnenmarkt*[102]. Dort wird zwar in Ziff. 16 zunächst gefordert, dass an einem Vorhaben in der Regel mehr als ein Mitgliedstaat beteiligt sein müsse, und es nicht nur den Mitgliedstaaten, die die Finanzierung übernehmen, zugutekommen dürfe, sondern auch zu einem wesentlichen Teil der Union zugutekommen müsse. Und in

98 So aber wohl EuG, Rs. T-21/06, Slg. 2009, II-197 (Rn. 70). In der Mitteilung der Kommission über Kriterien für die Würdigung der Vereinbarkeit von staatlichen Beihilfen zur Förderung wichtiger Vorhaben von gemeinsamem europäischem Interesse mit dem Binnenmarkt, ABl. 2014 Nr. C 188/4, Nr. 16, wird gefordert, dass an dem Vorhaben „in der Regel" mehr als ein Mitgliedstaat beteiligt ist.

99 Vgl. auch *Martenczuk*, in: von der Groeben/Schwarze/Hatje (Hrsg.), EU-Recht, Band III, Art. 107 AEUV, Rn. 368 f.

100 Grundsätzlicher zu diesem Ansatz *Cremer*, Forschungssubventionen im Lichte des EGV, S. 144 ff. Vgl. auch *Martenczuk*, in: von der Groeben/Schwarze/Hatje (Hrsg.), EU-Recht, Band III, Art. 107 AEUV, Rn. 368 bzgl. Art. 107 Abs. 3 lit. b) 1. Var. AEUV.

101 Näher dazu *Martenczuk*, in: von der Groeben/Schwarze/Hatje (Hrsg.), EU-Recht, Band III, Art. 107 AEUV, Rn. 368 ff.; *Cremer*, in: Calliess/Ruffert (Hrsg.), EUV/AEUV, Art. 107, Rn. 60.

102 ABl. 2014 Nr. C 188/4.

Ziff. 14 dieser Mitteilung heißt es, dass ein Vorhaben, um als eines von gemeinsamem europäischem Interesse qualifiziert werden zu können, zudem „zu einem oder mehreren Zielen der Union beitragen und signifikante Auswirkungen auf die Wettbewerbsfähigkeit der EU, auf das nachhaltige Wachstum, die Bewältigung gesellschaftlicher Herausforderungen oder die Wertschöpfung in der gesamten Union haben". Zentral im Sinne einer sozial ausgerichteten Modifikation ist sodann Ziff. 15, wo es heißt: „Das Vorhaben muss einen wichtigen Beitrag zu den Zielen der Union leisten. Zum Beispiel muss es von großer Bedeutung für die Europa-2020-Strategie, den Europäischen Forschungsraum, die Europäische Strategie für KET, die Europäische Energiestrategie, den Rahmen für die Klima- und Energiepolitik bis 2030, die Europäische Energiesicherheitsstrategie, die Strategie der EU für den Elektroniksektor, die transeuropäischen Netze in den Bereichen Verkehr und Energie, die Leitinitiativen der Union wie die Innovationsunion, die Digitale Agenda für Europa, das Ressourcenschonende Europa oder die Integrierte Industriepolitik für das Zeitalter der Globalisierung sein." Ferner dürfen gem. Ziff. 17 die „Vorteile des Vorhabens [...] nicht auf die Unternehmen oder den betreffenden Sektor beschränkt werden, sondern sollten von größerer Relevanz sein und durch positive Spill-over-Effekte breitere Verwendung in der europäischen Wirtschaft und Gesellschaft haben".

Schließlich lässt sich noch anfügen, dass vor dem Hintergrund der Befunde in Teil C. dieses Gutachtens begründeter Anlass besteht, den aktuell zur Verabschiedung anstehenden Unionsrahmen für staatliche Beihilfen zur Unterstützung des sog. Clean Industrial Deals (Clean Industrial Deal State Aid Framework) – entsprechend der Aufforderung an die Mitgliedstaaten in Rn. 15 des Entwurfs dieses Unionsrahmens –[103] in qualifizierter Form sozialpolitisch zu imprägnieren.[104]

(c) Zwischenfazit

In Konkretisierung von Art. 107 Abs. 3 lit. b) 1. Var. AEUV (wichtiges Vorhaben von gemeinsamem europäischem Interesse) ist die unspezifische Forderung nach einem Beitrag zur Verwirklichung eines oder mehrerer Ziele der Europäischen Union in Ziff. 14 der *Mitteilung der Kommission über Kriterien für die Würdigung der Vereinbarkeit von staatlichen Beihilfen zur Förderung wichtiger Vorhaben von gemeinsamem europäischem Interesse mit dem Binnenmarkt* von der Kommission vor dem Hintergrund der in den Teilen B. und C. dieses Gutach-

103 Siehe dazu oben A. mit Fn. 4

104 DRAFT COMMUNICATION FROM THE COMMISSION, Framework for State Aid measures to support the Clean Industrial Deal, Rn. 15, *https://competition-policy.ec.europa.eu/document/download/45b532ce-53fb-4907-975c-79edaa31a166_en?filename=2025_CISAF_draft_EC_communication.pdf* (zuletzt aufgerufen am 09.04.2025).

tens ermittelten Befunde gerade bei Beihilfen mit einer sozialen Imprägnierung respektive zur Stärkung der sozialen Dimension der EU aktivierbar. Und es liegt auf der Hand, dass die soziale Imprägnierung auch und sogar gerade im Kontext der in Ziff. 15, Satz 1 dieser Mitteilung beispielhaft als förderungswürdig genannten Politiken, welche mutatis mutandis nach wie vor[105] ganz überwiegend im Zusammenhang mit den aktuell zu bewältigenden Herausforderungen des Transformationsprozesses stehen, eine qualifizierte Förderungswürdigkeit[106] begründet.

c) Wesentliche Ergebnisse

Die Ausnahmebestimmungen des Art. 107 Abs. 2 lit. a) und c) sowie Abs. 3 lit. a) AEUV zeigen, dass das EU-Beihilfenaufsichtsrecht für die dort avisierten Konstellationen aus sozialen Motiven gezielt vom grundsätzlich bestehenden Beihilfenverbot suspendiert (Legalausnahmen) bzw. der Kommission eine Suspendierung ermöglicht, wenn nicht nahelegt (Ermessensausnahme). Gleichzeitig wird damit eine grundsätzliche Offenheit für eine soziale Imprägnierung des Beihilfenaufsichtsrecht als Ganzem signalisiert. Soziale Bindungen wie eine Festlegung von Mindestarbeitsbedingungen lassen sich allerdings nicht ohne Weiteres auf die genannten Ausnahmen stützen.

Die Ausnahmebestimmung des Art. 107 Abs. 3 lit. b) 1. Var. AEUV, welche wichtige Vorhaben von gemeinsamem europäischem Interesse adressiert, ist vor dem Hintergrund der in den Teilen B. und C. dieses Gutachtens ermittelten Befunde gerade bei Beihilfen zur Stärkung der sozialen Dimension der EU respektive mit einer sozialen Imprägnierung aktivierbar. Jenseits einer mithin bruchlos möglichen unmittelbaren Anknüpfung sozialer Belange an diesen primärrechtlichen Ausnahmetatbestand kann diesbezüglich an dessen Ausfüllung in der *Mitteilung der Kommission über Kriterien für die Würdigung der Vereinbarkeit von staatlichen Beihilfen zur Förderung wichtiger Vorhaben von gemeinsamem europäischem Interesse mit dem Binnenmarkt* angeschlossen werden, wenn dort in Ziff. 14 ein Betrag zur Verwirklichung eines oder mehrerer Ziele der Europäischen Union verlangt wird. Und unter Ziff. 15 dieser Mitteilung lassen sich sodann passgenau transformationsgetriebene Beihilfen mit sozialer Imprägnierung subsumieren.

---

105 Die Mitteilung ist vor mehr als zehn Jahren veröffentlicht worden.

106 Wie bereits ausgeführt, kann dies bedeuten, dass die Zuwendung überhaupt zulässig ist oder eine höhere Beihilfenintensität legitimiert ist.

2. Sekundär- und Tertiärrecht

Art. 109 AEUV gibt dem Rat die Möglichkeit, jenseits der in den Art. 107 f. AEUV angelegten Einzelfallentscheidung (sowie der nachfolgend[107] erörterten Leitlinien, Unionsrahmen, Mitteilungen und Kodizes) die Durchführung der Art. 107 und 108 AEUV sowie die Bedingungen zur Anwendung von Art. 108 Abs. 3 AEUV generell zu regeln. Die Befugnis hat der Rat fallweise im Wege der Subdelegation seit langem immer wieder auf die Kommission übertragen, welche sodann entsprechendes Tertiärrecht erlassen hat. Diese Praxis wurde mit dem Inkrafttreten des Vertrags von Lissabon partiell ausdrücklich in Art. 108 Abs. 4 AEUV abgesichert, und zwar bzgl. des Erlasses von Freistellungsverordnungen.[108] Als vorliegend zentraler Tertiärrechtsakt ist die (derzeit gültige) Allgemeine Gruppenfreistellungsverordnung, die Verordnung (EU) Nr. 651/2014 der Kommission vom 17. Juni 2014 (AGVO 2014)[109] zu nennen. Die AGVO 2014 legt insbesondere fest, unter welchen Bedingungen staatliche Beihilfen als mit dem Binnenmarkt vereinbar gelten und daher von der Anmelde- und Billigungspflicht des Art. 108 Abs. 3 AEUV ausgenommen sind. Entsprechend des Anliegens dieses Beitrags interessieren hier soziale ausgestaltete und imprägnierte Freistellungstatbestände.

a) Sozial ausgerichtete Beihilfen

Angesprochen wurde bereits die in Art. 51 AGVO 2014 adressierte „Umsetzung" von Art. 107 Abs. 2 lit. a) AEUV.[110] Dezidiert sozial ausgerichtet ist des Weiteren Art. 32 AGVO 2014, der Beihilfen in Form von Lohnzuschüssen für die Einstellung (stark)[111] benachteiligter Arbeitnehmer_innen von einer Anmeldung bei der EU-Kommission nach Art. 108 AEUV freistellt, wobei die Beihilfenintensität 50 % der beihilfefähigen Kosten nicht überschreiten darf. Dabei soll Art. 32 Abs. 3 AGVO 2014 sicherstellen, dass mit der Einstellung entweder Nettoanstieg der Beschäftigten in dem Unternehmen verbunden ist oder eine der in der Norm genannten und akzeptierten Konstellationen vorliegt. Art. 35 AGVO 2014 erlaubt sodann ebenfalls Beihilfeintensitäten bis zu

107 Siehe D. II. 3.

108 Damit wird freilich „lediglich" eine schon zuvor geübte, aber teils kritisierte Praxis positiviert. Der Rat muss in der Ermächtigungsverordnung (nach wie vor) festlegen, für welche Arten von Beihilfen die Kommission entsprechende Freistellungsverordnungen erlassen darf. Näher dazu *Erlbacher*, in: von der Groeben/Schwarze/Hatje (Hrsg.), Europäisches Unionsrecht, Bd. III, Art. 109, Rn. 6.

109 ABl. L 187 vom 26.06.2014; zuletzt geändert durch die Verordnung (EU) 2021/1237 der Kommission vom 23. Juli 2021.

110 Vgl. oben D. II. 1. b) aa) (1).

111 Art. 32 differenziert zwischen stark benachteiligen und benachteiligten Arbeitnehmer_innen und erlaubt für erstere eine längere Unterstützungsdauer (24 statt 12 Monate nach der Einstellung). Vgl. zu den entsprechenden Definitionen Art. 2 Abs. 99 AGVO 2014.

50 % für Beihilfen zum Ausgleich der Kosten für die Unterstützung benachteiligter Arbeitnehmer_innen.

Beihilfenrechtliche Privilegierungen finden sich zudem in den Art. 33 f. für die Beschäftigung von Arbeitnehmer_innen mit Behinderungen.

b) (Transformations)Beihilfen mit sozialer Dimension

Eine Privilegierung erfahren Umweltschutzbeihilfen im Sinne von Art. 36 AGVO 2014, wenn diese gem. Art. 36 Abs. 8 AGVO 2014 in Fördergebieten im Sinne von Art. 107 Abs. 3 lit. a) oder lit. c) erfolgen. Im erstgenannten Fall darf die Beihilfenintensität um 15 Prozentpunkte und im zweitgenannten Fall um 5 Prozentpunkte im Vergleich zu fördergebietsfremden Umweltschutzbeihilfen erhöht werden.

Ohne Anspruch auf Vollständigkeit finden sich vergleichbare Regelungen in Art. 37 Abs. 5 AGVO 2014 für Investitionsbeihilfen zur frühzeitigen Anpassung an künftige Unionsnormen, in Art. 38 Abs. 6 AGVO 2014 für Investitionsbeihilfen für Energieeffizienzmaßnahmen, in Art. 40 Abs. 6 AGVO 2014 für Investitionsbeihilfen für hocheffiziente Kraft-Wärme-Kopplung, in Art. 41 AGVO 2014 für Investitionsbeihilfen zur Förderung erneuerbarer Energien, in Art. 46 Abs. 4 AGVO 2014 für Investitionsbeihilfen für energieeffiziente Fernwärme und Fernkälte und in Art. 47 Abs. 9 AGVO 2014 für Investitionsbeihilfen für das Recycling und die Wiederverwendung von Abfall. Eine gleichgerichtete Privilegierung findet sich in Art. 22 Abs. 3 lit. c) AGVO 2014.

c) Bewertung

Die aufgeführten sozial motivierten Privilegierungen von (Transformations-) Beihilfen verdienen Zustimmung, sollten aber angesichts der geschilderten prononciert sozialen Ausrichtung der Unionsziele durch weitere arrondierende Regelungen, welche einen Beschäftigungsaufbau belohnen bzw. die Beihilfenvergabe von Beschäftigungssicherungszusagen abhängig machen, ergänzt werden. Zudem sollten in Anlehnung an Ausgestaltungen respektive Überlegungen zum Vergaberecht Privilegierungen von (Transformations-)Beihilfen mit Tariftreueelementen erleichtert genehmigt und infolgedessen durch die Mitgliedstaaten auf den Weg gebracht werden können. Unbeschadet dieser wünschenswerten sekundär- oder tertiärrechtlichen Modifikationen kann eine Privilegierung sozial imprägnierter Transformationsbeihilfen vor dem Hintergrund der in den Teilen B. und C. dieses Gutachtens ermittelten Befunde bereits derzeit auf primärrechtliche Ausnahmetatbestände, insbesondere Art. 107 Abs. 3 lit. b) 1. Var. AEUV gestützt werden.

3. Leitlinien/Unionsrahmen/Mitteilungen/Kodizes

In den oben[112] kursorisch vorgestellten Leitlinien, Unionsrahmen, Mitteilungen und Kodizes der Kommission, in denen die Kommission ihre zukünftig beabsichtigte Praxis über die Auslegung bzw. Anwendung von Art. 107 AEUV auf bestimmte Arten von Beihilfen offenlegt, werden regelmäßig höchstzulässige Beihilfenintensitäten für bestimmte Beihilfen ausgewiesen. Als Beispiel mag der Unionsrahmen für Forschung, Entwicklung und Innovation (2014) für F&E&I-Beihilfen dienen, nach welchem die höchstzulässigen Beihilfeintensitäten je nach Art der Forschung (Grundlagenforschung, angewandte Forschung, Entwicklung, Innovation) und anderer Parameter variieren. Dabei ist – im vorliegenden Zusammenhang von hervorgehobener Bedeutung – als einer der Parameter für die Zulässigkeit der Erhöhung der Beihilfenintensität eine Forschungsförderung für Unternehmen in sozial benachteiligten Regionen ausgewiesen. Vergleichbare „soziale Privilegierungen", welche Sonderzuschläge für eine soziale Ausgestaltung der Beihilfen vorsehen, finden sich mit der Folge, dass sich die höchstzulässigen Beihilfeintensitäten erhöhen, in verschiedenen Leitlinien, Unionsrahmen, Mitteilungen und Kodizes der Kommission. Diese hier nicht auszubreitende Praxis verdient ob der in den Teilen B. und C. erarbeiteten Befunde nachdrückliche Zustimmung. Nachdrücklich erinnert[113] sei indessen an die Mitteilung der Kommission über Kriterien für die Würdigung der Vereinbarkeit von staatlichen Beihilfen zur Förderung wichtiger Vorhaben von gemeinsamem europäischem Interesse mit dem Binnenmarkt, welche im Anschluss an Art. 107 Abs. 3 lit. b) 1. Var. AEUV den Weg für die Genehmigung resp. Privilegierung sozial imprägnierter Transformationsbeihilfen ebnet.

---

112 Siehe D. I. a. E.

113 Vgl. näher oben D. II. 1. b) bb) (2) (b) und (c).

E. EU-Zuwendungen an Unternehmen unter dem Blickwinkel ihrer sozialen Ausrichtung respektive Imprägnierung

I. Primärrechtliche Grundlagen

Die zentralen primärrechtlichen Grundlagen und Vorgaben für die (durch die Mitgliedstaaten vermittelte) Vergabe von EU-Mitteln finden sich im Dritten Teil, Titel XVIII des AEUV (Art. 174-178), dem Titel über die sog. europäische Kohäsionspolitik.[114]

1. Zielvorgaben

Nach Art. 174 Abs. 1 AEUV setzt sich die Union das Ziel einer Stärkung ihres wirtschaftlichen, sozialen und territorialen Zusammenhalts, um eine harmonische Entwicklung der Union als Ganzes zu fördern. Dabei liegt gem. Art. 174 Abs. 2 AEUV ein besonderer Fokus auf der Verringerung der Unterschiede im Entwicklungsstand der verschiedenen Regionen und des Rückstands der am stärksten benachteiligten Gebiete. Nach Art. 175 Abs. 1 S. 2 AEUV berücksichtigt die Union diese Ziele – neben ihrer eher vorsichtigen Ausrichtung auf die Wirtschaftspolitik der Mitgliedstaaten in Satz 1 –[115] bei der „Festlegung und Durchführung der Politiken und Aktionen“ sowie bei der Errichtung des Binnenmarktes. Vorliegend von besonderem Interesse ist sodann, dass die Union nach Art. 175 Abs. 1 Satz 3 AEUV die Verwirklichung dieser Ziele mithilfe der Strukturfonds (Europäischer Ausrichtungs- und Garantiefonds für die Landwirtschaft - Abteilung Ausrichtung –, Europäischer Sozialfonds, Europäischer Fonds für regionale Entwicklung), der Europäischen Investitionsbank und der sonstigen Instrumente unterstützt.[116] Im Hinblick auf den Europäischen Fonds für regionale Entwicklung (EFRE) spezifiziert Art. 176 AEUV die Aufgabe da-

---

114 Siehe nur *Peuker*, in: Calliess/Ruffert (Hrsg.), EUV/AEUV, Art. 174, Rn. 1; ebenda, Rn. 4 ff. auch zur Entwicklung der europäischen Kohäsionspolitik seit ihren Anfängen.

115 Dort heißt es, dass die Mitgliedstaaten ihre Wirtschaftspolitik in der Weise führen und koordinieren, dass auch die in Art. 174 AEUV genannten Ziele erreicht werden.

116 Dabei bietet Art. 322 AEUV die Grundlage für den Erlass der Haushaltsvorschriften, in denen die Aufstellung und Ausführung des Haushaltsplans sowie die Rechnungslegung und Rechnungsprüfung im Einzelnen geregelt werden, sowie für den Erlass der Vorschriften, die die Kontrolle der Verantwortung der Finanzakteure regeln.

hingehend, dass dieser durch Beteiligung an der Entwicklung und an der strukturellen Anpassung der rückständigen Gebiete sowie an der Umstellung der Industriegebiete mit rückläufiger Entwicklung zum Ausgleich der wichtigsten regionalen Unterschiede in der Union beitragen soll.

2. Ermächtigungsgrundlagen

Die Ermächtigungsgrundlagen zum Erlass korrespondierenden Sekundärrechts finden sich in den Art. 175 Abs. 3, 177 und 178 AEUV. Zentral ist insoweit Art. 177 Abs. 1 AEUV, welcher – jenseits von Art. 178 AEUV –[117] den Unionsrechtsgesetzgeber (Parlament und Rat gemäß dem ordentlichen Gesetzgebungsverfahren) verpflichtet, die „vorrangigen Ziele und die Organisation der Strukturfonds“ festzulegen; wobei dem Sekundärrechtsgesetzgeber zugleich explizit die Möglichkeit einer Neuordnung derselben eingeräumt wird. In Art. 177 Abs. 2 AEUV findet sich sodann ohne (weitere) Zielspezifizierung der Auftrag zur Errichtung und Ausgestaltung eines Kohäsionsfonds – und damit zugleich seine auch primärrechtliche Anerkennung –, welcher auf Vorhaben in den Bereichen Umwelt und transeuropäischer Netze auf dem Gebiet der Verkehrsinfrastruktur gerichtet ist. Eine weitere separate Ermächtigungsgrundlage, ebenfalls ohne (weitere) Zielspezifizierung, ist schließlich für den EFRE in Art. 178 Abs. 1 AEUV verankert.[118] Insgesamt lässt sich also festhalten, dass jenseits der genannten Zielbestimmung in Art. 174 Abs. 1 EUV Rat und Parlament als zentraler Unionsgesetzgeber ermächtigt sind, die vorrangigen Ziele (und die Organisation) der Fonds zu bestimmen. Diese Ermächtigung zur Zielbestimmung muss freilich die in Art. 174 AEUV sowie die vorstehend (in Teil C) entwickelten zentralen Zielbestimmungen aus Art. 3 AEUV reflektieren und angemessen einbeziehen.

II. Einschlägiges Sekundärrecht – zur sog. Dachverordnung (EU) 2021/1060

Vor diesem Hintergrund stellt sich zunächst die Frage, ob und wie soziale Zielausrichtungen (auch jenseits sozialer Kohäsion) in den verschiedenen Sekundärrechtsakten Ausdruck gefunden haben. Insoweit erfolgt hier eine Konzentration auf die auf Art. 177 Abs. 1 AEUV gestützte aktuelle sog. horizontale

117 Dazu sogleich im Text.

118 Die in der Norm verwandte Rede von *Durchführungs*verordnungen ist missverständlich; jedenfalls handelt es sich angesichts ihrer unmittelbaren Primärrechtsakzessorität nicht um solche im Sinne von Art. 291 Abs. 2 AEUV, vgl. auch *Peuker*, in: Calliess/Ruffert (Hrsg.), EUV/AEUV, Art. 177 AEUV, Rn. 1.

Dachverordnung, die Verordnung (EU) 2021/1060 des Europäischen Parlaments und des Rates vom 24. Juni 2021 mit gemeinsamen Bestimmungen für den Europäischen Fonds für regionale Entwicklung, den Europäischen Sozialfonds Plus, den Kohäsionsfonds, den Fonds für einen gerechten Übergang und den Europäischen Meeres-, Fischerei- und Aquakulturfonds sowie mit Haushaltsvorschriften für diese Fonds und für den Asyl-, Migrations- und Integrationsfonds, den Fonds für die innere Sicherheit und das Instrument für finanzielle Hilfe im Bereich Grenzverwaltung und Visumpolitik.[119] Dabei fokussieren Analyse und Bewertung dieser mehrere hundert Seiten umfassenden Verordnung angesichts der hier adressierten Fragestellung auf die (mangelnde) soziale Dimension des Regelungswerks.

Zunächst illustriert bereits der Name der aktuellen Dachverordnung, dass der Uniongesetzgeber von der Möglichkeit einer Neuordnung der Organisation der Strukturfonds – im Unterschied zur Vorgängerverordnung –[120] Gebrauch gemacht hat. Inhaltlich ist die neue Dachverordnung durch eine im Unterschied zu ihrer Vorgängerregelung stärkere Ausrichtung auf die allgemeinen politischen Ziele gekennzeichnet. So finden sich neben der Orientierung auf die in Art. 174 AEUV genannten Ziele in Art. 5 Verordnung (EU) 2021/1060 „Politische Ziele",[121] welche grosso modo als Ausdruck der aktuellen Zielprioritäten der EU gelten können.[122] Angesprochen ist der aktuell zu bewältigende und oben skizzierte multidimensionale Transformationsprozess, welcher eben nicht zuletzt mittels der Finanzierung aus verschiedenen Strukturfonds und dem Kohäsionsfonds begleitet und erleichtert werden soll. Demnach werden gem. Art. 5 Abs. 1 UAbs. 1 Verordnung (EU) 2021/1060 aus dem EFRE, dem Europäischen Sozialfonds Plus (ESF+), dem Kohäsionsfonds und dem Europäischen Meeres-, Fischerei- und Aquakulturfonds (EMFAF) insgesamt fünf „politische Ziele" unterstützt: Erstens (lit. a) ein wettbewerbsfähigeres und intelligenteres Europa durch die Förderung eines innovativen und intelligenten wirtschaftlichen Wandels und der regionalen IKT-Konnektivität, zweitens (lit. b) ein grünerer, CO2-armer Übergang zu einer CO2-neutralen Wirtschaft und einem widerstandsfähigen Europa durch die Förderung von sauberen Energien und einer fairen Energiewende, von grünen und blauen Investitionen, der Kreislaufwirtschaft, des Klimaschutzes und der Anpassung an den Klimawandel, der Risikoprävention und des Risikomanagements sowie der nachhaltigen städtischen Mobilität, drittens (lit. c) ein stärker vernetztes Europa durch die Steigerung der Mobilität, viertens (lit. d) ein sozialeres und inklusi-

119 ABl. L 231 vom 30.6.2021, S. 159

120 VO (EU) Nr. 1303/2013.

121 So lautet auch die Überschrift von Art. 5 der Verordnung. Die Norm befindet sich im Kapitel „Politische Ziele und Grundsätze für eine Unterstützung aus den Fonds".

122 Dazu auch *Peuker*, in: Calliess/Ruffert (Hrsg.), EUV/AEUV, Art. 177, Rn. 6.

veres Europa durch die Umsetzung der europäischen Säule sozialer Rechte und fünftens (lit. e) ein bürgernäheres Europa durch die Förderung einer nachhaltigen und integrierten Entwicklung aller Arten von Gebieten und lokalen Initiativen.

Mag der sozialen Ausgestaltung der genannten Fonds im Sinne des viertgenannten Ziels der Norm im Rahmen ihres Zielgemenges auch kein hervorgehobener Platz zuzuordnen sein, wird man dies im Hinblick auf die (vorliegend besonders interessierende) soziale und namentlich beschäftigungsspezifische Arrondierung des Transformationsprozesses nach Art. 5 Abs. 1 UAbs. 2 Verordnung (EU) 2021/1060 sehr wohl annehmen müssen. Denn der dort adressierte „Fonds für einen gerechten Übergang" (JTF) „trägt zu dem spezifischen Ziel bei, Regionen und Menschen in die Lage zu versetzen, die sozialen, beschäftigungsspezifischen, wirtschaftlichen und ökologischen Auswirkungen des Übergangs zu den energie- und klimapolitischen Vorgaben der Union für 2030 und des Übergangs der Union zu einer klimaneutralen Wirtschaft bis 2050 unter Zugrundelegung des Übereinkommens von Paris zu bewältigen."

Angesichts der geschilderten sekundärrechtlichen sozialen Zielstellung für den EFRE, den ESF+, den Kohäsionsfonds und den EMFAF und mehr noch für den JTF in der Verordnung (EU) 2021/1060 sowie der in Teil C. entfalteten dezidiert sozialen Ausrichtung bzw. Arrondierung der EU-(Wirtschafts-)Politik, insbesondere nach Maßgabe von Art. 3 AEUV, bleibt die Frage nach der praktischen Umsetzung und Verwirklichung dieser Ziele auf der Planungs- und Programmebene. Ausgehend von dem Grundsatz der geteilten Mittelverwaltung (zwischen EU und Mitgliedstaaten) als Leitmotiv der Strukturfondsförderung[123] ist insoweit zentral, dass Art. 8 Verordnung (EU) 2021/1060[124] jenseits der Mehrebenenpartnerschaft zwischen Union und Mitgliedstaaten das partnerschaftliche Miteinander in den Mitgliedstaaten namentlich durch Einbeziehung der Wirtschafts- und Sozialpartner (sowie Behörden und ggfs. Forschungseinrichtungen und Hochschulen) einfordert.[125] Dabei folgt diese Partnerschaft gem. Art. 8 Abs. 2 einem Bottom-up-Ansatz. Die Mitgliedstaaten binden die Partner in die Ausarbeitung der Partnerschaftsvereinbarung sowie während der gesamten Vorbereitung, Durchführung und Evaluierung der Programme ein, einschließlich der Teilnahme an den Begleitausschüssen gem. Art. 39 Verordnung (EU) 2021/1060.

123 Dazu *Fiebelkorn/Petzold*, EuR 2020, S. 536 ff.; *Mögele*, EuR 2016, S. 490 ff.

124 Die Normüberschrift lautet: „Partnerschaft und Steuerung auf verschiedenen Ebenen".

125 Vgl. im Einzelnen Art. 8 Abs. 1 S. 2 lit. a-d) Verordnung (EU) 2021/1060.

Es sind also nicht zuletzt die Gewerkschaften, welche auf die inhaltliche Programmplanung Einfluss nehmen können. Und in diesem Zusammenhang gilt es jenseits des *politischen* Werbens für eine soziale und beschäftigungsorientierte Ausgestaltung der Programme nachdrücklich auf die hier entfalteten unions*rechtlichen* Zielstellungen und Vorgaben im Primär- und einschlägigen Sekundärrecht hinzuweisen. In besonderem Maße gilt dies für den dezidierten Auftrag einer sozialen Arrondierung des Transformationsprozesses nach dem JTF im Lichte von Art. 5 Abs. 1 UAbs. 2 Verordnung (EU) 2021/1060.

F. Zusammenfassung

A. Einführung und Präzisierung des Untersuchungsgegenstands

Das Gutachten widmet sich der unionsrechtlichen Bewertung einerseits von den EU-Mitgliedstaaten und andererseits von der Union selbst vergebener Zuwendungen an Unternehmen und fokussiert vor allem auf die soziale Dimension solcher Zuwendungen.

Bzgl. mitgliedstaatlicher Zuwendungen steht insoweit das EU-Beihilfenrecht im Zentrum. Insoweit wird erstens in den Blick genommen, ob bzw. welche ausschließlich oder jedenfalls primär sozial ausrichteten mitgliedstaatlichen Zuwendungen EU-beihilfenrechtlich privilegiert sind, und zweitens wird untersucht, ob und inwieweit eine soziale Imprägnierung von Zuwendungen mit (primär) anderer, insbesondere sog. transformationsgetriebener Zielstellung beihilfenrechtlich honoriert wird. Privilegierung resp. Honorierung bedeutet in diesem Kontext, dass eine Beihilfe wegen ihrer Sozialität überhaupt oder mit einer höheren Beihilfenintensität zulässig ist.

Die beihilfenrechtliche Bewertung sozial imprägnierter Zuwendungen ist als rechtsnormatives Element in die aktuelle Debatte über die (notwendige) soziale Dimension der Transformation einzubringen. Denn vor dem Hintergrund gravierender als unausweichlich wahrgenommener, weil exogen getriebener wirtschaftlicher Transformationsprozesse – genannt seien Globalisierung, Digitalisierung, Automatisierung, Künstliche Intelligenz und Dekarbonisierung – wird (auch) in der Europäischen Union kaum noch bezweifelt, dass „die Wirtschaft" hoheitlicher Hilfe bedarf, und zwar sowohl staatlicher als auch supranationaler Provenienz. Vielfach gefordert werden dementsprechend hoheitliche Zuwendungen an Unternehmen, eben um ihre Transformationstauglichkeit zu befördern und möglichst langfristig zu sichern. Aber solche Zuwendungen bedürfen als Beihilfen im Sinne des EU-Beihilfenrechts einer Rechtfertigung nach Maßgabe der einschlägigen Regeln. Prototypen für eine soziale Imprägnierung sind Standort-, Arbeitsplatzerhaltungs- sowie Tariftreuezusagen des begünstigten Unternehmens, soweit deren Gewährung notwendige Bedingung für die Zulässigkeit einer „Transformationsbeihilfe" ist. Exemplarisch für ein solches Konstrukt steht etwa die Unternehmensunterstützung im Rahmen der Preisbremsen für Gas und Strom 2021, welche an eine Arbeitsplatzerhaltungspflicht gebunden wurde. In jüngerer Zeit diskutiert bzw. vorgeschlagen wurde zudem im Kontext sog. Klimaschutzverträge eine Förderung von klimaneutralen Produktionsverfahren, welche an die Bedingung eines tragfähigen Konzepts zum Standorterhalt und zur Beschäftigungssicherung geknüpft war. Solche Modelle mögen in der laufenden Legislaturperiode (in modifizierter Form) wieder aufgegriffen werden. Gleiches gilt für den Vorschlag sozial konditionierter sog. Brückenstrompreise für die energieintensive Industrie.

Die Frage einer unionsrechtlich zulässigen, indizierten oder gar gebotenen Privilegierung sozial ausgerichteter oder jedenfalls sozial imprägnierter (insbesondere transformationsgetriebener) Zuwendungen an Unternehmen stellt sich gleichermaßen für Zuwendungen unionaler Provenienz. Auch diesbezüglich wird das (weniger leicht zu identifizierende) einschlägige unionsrechtliche Regime durchgesehen und gewürdigt.

Eine belastbare unionsrechtliche Beurteilung mitgliedstaatlicher sowie unionaler „Sozialbeihilfen" erfordert freilich vorgehend eine (in den Teilen B. und C. erfolgende) grundlegende Analyse der wirtschaftlichen und sozialen Grundlagen des EU-Primärrechts, denn nur im Anschluss an eine solche lassen sich profunde Aussagen zur Auslegung der einschlägigen unionsrechtlichen Zuwendungsrechtsregime sowie zur ggfs. gebotenen oder jedenfalls indizierten Ausgestaltung derselben treffen.

B. EU-Wirtschaftsverfassung: Primärrechtlicher Befund und normative Bedeutung

In einem ersten Grundlagenteil des Gutachtens wird der in der unionsrechtlichen Literatur verfochtenen These nachgegangen, wonach das primäre Unionsrecht eine dezidiert interventionsaverse marktwirtschaftliche Wirtschaftsverfassung fundiere, welche ihrerseits die Auslegung und Anwendung des gesamten Unionsrechts und nicht zuletzt des EU-Beihilfenrechts präge. Argumentativ angeknüpft wird diese Position an wirtschaftsbezogene Zielstellungen und Grundsatzpositionen im primären Unionsrecht, namentlich die primärrechtlichen Wettbewerbsregeln sowie die Grundfreiheiten und die ihnen (vorgeblich) immanente (Markt-)Logik. Demgegenüber wird hier gezeigt, dass dem in Bezug genommenen EU-Primärrecht lediglich die Absage an eine zentrale Verwaltungswirtschaft, nicht aber die behauptete dezidiert interventionsaverse marktwirtschaftliche Ausrichtung zu entnehmen ist. Das gilt umso mehr, als der mit dem Vertrag von Maastricht in Art. 4 Abs. 1 und 2 EG kodifizierte Grundsatz „einer offenen Marktwirtschaft mit freiem Wettbewerb" mit dem Vertrag von Lissabon aus dem Grundsätzeteil des Unionsrechts eliminiert resp. in Art. 3 Abs. 3 EUV durch das Ziel einer „in hohem Maße wettbewerbsfähigen sozialen Marktwirtschaft" substituiert wurde.

C. Zielsetzungen und Zielpriorisierungen – mit besonderem Fokus auf die Felder Wirtschaft und Soziales

In einem zweiten Grundlagenteil wird der Blick weiterführend auf das primärrechtliche Zielgemenge insgesamt gerichtet – dem Anliegen dieses Gutachtens entsprechend mit einem besonderen Fokus auf die Felder Wirtschaft und Soziales. Zentrale Zielbestimmungen finden sich, ausgehend vom Ziel „Wohlergehen der Völker“ in Art. 3 Abs. 1 AEUV, insoweit insbesondere in Art. 3 Abs. 3 UAbs. 1-3. Zunächst zielt die in Art. 3 Abs. 3 UAbs. 1, S. 1 EUV statuierte Aufgabe zur Errichtung eines Binnenmarkts entgegen einer verbreiteten Wahrnehmung selbst – und eben unabhängig von seiner sozialen Überprägung durch weitere Zielbestimmungen Art. 3 Abs. 3 UAbs. 1-3 – nicht oder zumindest nicht primär auf einen Markt ohne Beschränkungen, sondern einen Markt ohne *zwischenstaatliche* Behinderungen ab. Das belegt resp. unterstreicht nicht zuletzt die mit dem Binnenmarkt-Weißbuch von 1985 eröffnete und mittels der sog. Einheitlichen Europäischen Akte 1987 im Primärrecht aufgegriffene Binnenmarktoffensive, welche keineswegs einen freien gemeinwohlungebundenen, sondern einen chancengleichen Wettbewerb adressiert. Im Übrigen kommt die primärrechtliche soziale Programmierung der EU – wohl nicht zuletzt als Reaktion auf die Ablehnung des Verfassungsvertrages in Frankreich, welche maßgeblich durch die fehlende soziale Arrondierung des EU-Wirtschaftsrechts motiviert gewesen sein soll – in Art. 3 Abs. 3 UAbs. 1 EUV mannigfach zum Ausdruck. So zielt die in Art. 3 Abs. 3 UAbs. 1, S. 2 EUV verankerte „nachhaltige Entwicklung Europas auf der Grundlage eines ausgewogenen Wirtschaftswachstums und von Preisstabilität“ neben der ökologischen gerade auch auf eine soziale Ausgewogenheit und Nachhaltigkeit. In Art. 3 Abs. 3 UAbs. 3 EUV wird der Förderauftrag für einen wirtschaftlichen und sozialen Zusammenhalt in der Europäischen Union mit einem solchen für die Solidarität zwischen den Mitgliedstaaten kombiniert.

Nochmals angereichert wird die soziale Dimension der Zielstellungen des primären Unionsrechts sodann in Art. 3 Abs. 3 UAbs. 2, wonach die Union „soziale Ausgrenzung und Diskriminierungen“ bekämpft sowie „soziale Gerechtigkeit und sozialen Schutz“ fördert. Die bereits ob des Vorstehenden überdeutliche Zielorientierung der EU auf eine Sozialunion erfährt gewissermaßen ihre Krönung durch die Ausrichtung auf eine „in hohem Maße wettbewerbsfähige soziale Marktwirtschaft, die auf Vollbeschäftigung und sozialen Fortschritt abzielt,“ in Art. 3 Abs. 3 UAbs. 1, S. 2 EUV. Insoweit ist hervorzuheben, dass die Attribuierung der Marktwirtschaft als „in hohem Maße wettbewerbsfähige“ die Attribuierung derselben als „soziale“ nicht zu relativieren vermag und darin insbesondere keine Interventionsaversität zum Ausdruck kommt. Denn anders als im EUV in der Fassung vor Lissabon bzw. im EG-Vertrag wird nicht mehr der *freie* und *unverfälschte* Wettbewerb als grundlegendes Ziel des primären Unionsrechts benannt, sondern eine in hohem Maße wettbewerbs*fähige* Marktwirtschaft. Damit ist nicht präjudiziert, ob die Wettbewerbsfähigkeit der EU-Marktwirtschaft bzw. seiner Unternehmen durch eine interventionsaverse, dem freien Markt das Wirtschaftsgeschehen überlassende Politik erreicht werden soll oder etwa durch eine (als notwendig erachtete) gezielte hoheitliche Steuerung seitens der Mitgliedstaaten und der EU – letztere Position hat nicht zuletzt die jüngste Grundgesetzänderung „Sondervermögen für Infrastruktur" (März 2025) getrieben.

D. EU-Beihilfenrecht und die die soziale Ausrichtung respektive Imprägnierung mitgliedstaatlicher (transformationsgetriebener) Zuwendungen

I. Grundlagen und Kontextualisierung

Im dritten Teil des Gutachtens wird im Angesicht der vorstehenden Befunde untersucht, wie eine soziale Ausrichtung respektive Imprägnierung mitgliedstaatlicher Zuwendungen an Unternehmen am Maßstab des primären, sekundären und tertiären EU-Beihilfenrechts zu beurteilen ist. Jenseits ausschließlich oder überwiegend sozial motivierter Beihilfen kommt dieser Untersuchung maßgebliche Bedeutung im Hinblick auf die (nahezu) unisono als notwendig diagnostizierte hoheitliche Unterstützung zur Bewältigung der unausweichlichen wirtschaftlichen Transformationsprozesse – als Herausforderungen seien Globalisierung, Digitalisierung, Automatisierung, Künstliche Intelligenz und Dekarbonisierung angeführt – zu. Der beihilfenrechtliche Fokus wird mithin gerade auch darauf gerichtet, ob und inwieweit solche (primär) auf eine Transformationsbewältigung der geförderten Unternehmen ausgerichteten Zuwendungen nach Maßgabe des primären, sekundären und tertiären EU-Beihilfenrechts durch eine soziale Imprägnierung der Zuwendungen eine erhöhte Legitimität erhalten oder (im Einzelfall) gar erst ihre Zulässigkeit begründen. Als Maßnahmen sozialer Arrondierung seien beispielhaft Standort-, Arbeitsplatzerhaltungs- sowie Tariftreuezusagen genannt. Weiterhin wird – zur Beseitigung derselben de lege ferenda – der Blick auf „soziale Lücken" im sekundären und tertiären EU-Beihilfenrecht sowie in den Leitlinien, Unionsrahmen, Mitteilungen und Kodizes der Kommission gerichtet.

II. Beihilfen mit sozialer Ausrichtung

Eine dezidiert sozialstaatlich motivierte beihilfenrechtliche Privilegierung in Gestalt einer Legalausnahme vom Beihilfenverbot erfahren gem. Art. 107 Abs. 2 lit. a) AEUV „Beihilfen sozialer Art an einzelne Verbraucher". Dominant ist die soziale Ausrichtung zudem in Art. 107 Abs. 3 lit. a) AEUV, welcher Beihilfen zur Förderung der wirtschaftlichen Entwicklung von Gebieten, in denen die Lebenshaltung außergewöhnlich niedrig ist oder eine erhebliche Unterbeschäftigung herrscht, privilegiert (Regionalbeihilfen I). Unternehmensförderungen werden zudem gem. Art. 107 Abs. 3 lit. c) AEUV 2. Alt. („gewisse Wirtschaftsgebiete") unter dem Label „Regionale Beihilfen II" privilegiert.

III. Soziale Imprägnierung transformationsgetriebener Unternehmensbeihilfen

Während die soziale Ausrichtung der vorstehenden Ausnahmebestimmungen keinen Zweifeln unterliegen kann und demgemäß auch bei den Unionsorganen und insbesondere der Kommission Anerkennung findet, wird Art. 107 Abs. 3 lit. b) 1. Alt. AEUV, welcher die „Förderung wichtiger Vorhaben von gemeinsamem europäischem Interesse" adressiert und nach der Kommissionspraxis (mit guten Gründen) eine besonders großzügige Subventionierung erlaubt, keine (nennenswerte) soziale Prägung zugeordnet. Zentrale Erfüllungsvoraussetzung soll vielmehr eine Vorhabensbeteiligung mehrerer Mitgliedstaaten sein. Mag Transnationalität regelmäßig auch ein Indiz für ein im Unionsinteresse liegendes Vorhaben sein, muss es für die Subsumtion einer Beihilfe unter eine von gemeinsamem europäischem Interesse zentral auf die inhaltliche Ausgestaltung resp. materielle Zielsetzung eines Vorhabens ankommen. Folglich ist anhand der unionsrechtlichen Zielvorgaben zu fragen, ob das Vorhaben per saldo (unter Berücksichtigung der Nachteile) im besonderen Interesse der Union liegt. Insoweit ist selbstverständlich in erster Linie auf die Ziele in der Zielfundamentalnorm des Art. 3 EUV zu rekurrieren. Und demzufolge kommt der sozialen Ausrichtung respektive Imprägnierung eines Vorhabens nach der Zielanalyse in Teil C. des Gutachtens eine besonders exponierte Bedeutung zu. Dementsprechend kommen gerade transformationsgetriebene Vorhaben mit sozialer Imprägnierung als wichtige Vorhaben von gemeinsamem europäischem Interesse im Sinne von Art. 107 Abs. 3 lit. b) 1. Alt. AEUV in Betracht. Damit ist zugleich die zentrale primärrechtliche Norm (des Beihilfenrechts) identifiziert, welche passgenau sozial imprägnierte Zuwendungen zur Bewältigung der unausweichlichen wirtschaftlichen Transformationsprozesse als Ausnahme vom Beihilfenverbot des Art. 107 Abs. 1 AEUV adressiert – und wegen des besonderen Interesses der Union an solchen Beihilfen verbunden mit der Akzeptanz besonders großzügiger Beihilfenintensitäten.

Schließlich lässt sich die vorgestellte Deutung der Ausnahmebestimmung des Art. 107 Abs. 3 lit. b) 1. Alt. AEUV bruchlos in die *Mitteilung der Kommission über Kriterien für die Würdigung der Vereinbarkeit von staatlichen Beihilfen zur Förderung wichtiger Vorhaben von gemeinsamem europäischem Interesse mit dem Binnenmarkt* aus dem Jahre 2014 hineinlesen und sie kann die Kommissionspraxis dementsprechend zukünftig anleiten. Nach Ziff. 14 dieser Mitteilung muss ein Vorhaben, um als eines von gemeinsamem europäischem Interesse qualifiziert werden zu können – neben der regelmäßig erforderlichen Transnationalität – u. a. „zu einem oder mehreren Zielen der Union beitragen". In Ziff. 15 heißt es sodann, dass das Vorhaben einen wichtigen Beitrag zu den Zielen der Union leisten müsse, etwa für die Europa-2020-Strategie, den Europäischen Forschungsraum, die Europäische Strategie für KET, die Europäische Energiestrategie, den Rahmen für die Klima- und Energiepolitik bis 2030, die Europäische Energiesicherheitsstrategie, die Strategie der EU für den Elektroniksektor, die transeuropäischen Netze in den Bereichen Verkehr und Energie, die Leitinitiativen der Union wie die Innovationsunion, die Digitale Agenda für Europa, das Ressourcenschonende Europa oder die Integrierte Industriepolitik für das Zeitalter der Globalisierung. Die Forderung nach einem Beitrag zur Verwirklichung eines oder mehrerer Ziele der Europäischen Union in Ziff. 14 sollte von der Kommission vor dem Hintergrund der in den Teilen B. und C. dieses Gutachtens ermittelten Befunde gerade bei Beihilfen mit einer sozialen Imprägnierung respektive zur Stärkung der sozialen Dimension der EU aktiviert werden. Und in diesem Sinne sollte die soziale Imprägnierung auch im Kontext der in Ziff. 15, Satz 1 beispielhaft als förderungswürdig genannten Politiken, welche im Kern im Kontext der Bewältigung der Herausforderungen des skizzierten notwendigen Transformationsprozesses stehen, eine qualifizierte Förderungswürdigkeit begründen.

E. EU-Zuwendungen an Unternehmen unter dem Blickwinkel ihrer sozialen Ausrichtung respektive Imprägnierung

Der vierte Teil des Gutachtens behandelt unionale (über die Mitgliedstaaten vermittelte) Zuwendungen an Unternehmen unter dem Blickwinkel ihrer sozialen Ausrichtung respektive Imprägnierung. Die diesbezüglichen zentralen primärrechtlichen Grundlagen und Ziele finden sich in den Art. 174-178 AEUV, dem Titel über die sog. europäische Kohäsionspolitik. Für den vorliegenden Kontext von besonderem Interesse ist die auf Art. 177 Abs. 1 AEUV gestützte sog. horizontale Dachverordnung, die Verordnung (EU) 2021/1060 des Europäischen Parlaments und des Rates vom 24. Juni 2021 mit gemeinsamen Bestimmungen für den Europäischen Fonds für regionale Entwicklung, den Europäischen Sozialfonds Plus, den Kohäsionsfonds, den Fonds für einen gerechten Übergang und den Europäischen Meeres-, Fischerei- und Aquakulturfonds sowie mit Haushaltsvorschriften für diese Fonds und für den Asyl-, Migrations- und Integrationsfonds, den Fonds für die innere Sicherheit und das Instrument für finanzielle Hilfe im Bereich Grenzverwaltung und Visumpolitik. Nach Art. 5 Abs. 1 UAbs. 1 Verordnung (EU) 2021/1060 werden aus dem Europäischen Fonds für regionale Entwicklung (EFRE), dem Europäischen Sozialfonds Plus (ESF+), dem Kohäsionsfonds und dem Europäischen Meeres-, Fischerei- und Aquakulturfonds (EMFAF) insgesamt fünf „politische Ziele" unterstützt, u. a. ein sozialeres und inklusiveres Europa durch die Umsetzung der europäischen Säule sozialer Rechte. Ein dezidierte(re) Ausrichtung auf die (vorliegend besonders interessierende) soziale und namentlich beschäftigungsspezifische Arrondierung des Transformationsprozesses findet sich sodann in Art. 5 Abs. 1 UAbs. 2 Verordnung (EU) 2021/1060. Denn der dort adressierte „Fonds für einen gerechten Übergang" (JTF) „trägt zu dem spezifischen Ziel bei, Regionen und Menschen in die Lage zu versetzen, die sozialen, beschäftigungsspezifischen, wirtschaftlichen und ökologischen Auswirkungen des Übergangs zu den energie- und klimapolitischen Vorgaben der Union für 2030 und des Übergangs der Union zu einer klimaneutralen Wirtschaft bis 2050 unter Zugrundelegung des Übereinkommens von Paris zu bewältigen."

Angesichts der geschilderten sekundärrechtlichen sozialen Zielstellung für den EFRE, den ESF+, den Kohäsionsfonds und den EMFAF und mehr noch für den JTF in der Verordnung (EU) 2021/1060 sowie der in Teil C. entfalteten dezidiert sozialen Ausrichtung bzw. Arrondierung der EU-(Wirtschafts-)Politik, insbesondere nach Maßgabe von Art. 3 AEUV, bleibt die Frage nach der praktischen Umsetzung und Verwirklichung dieser Ziele auf der Planungs- und Programmebene. Ausgehend von dem Grundsatz der geteilten Mittelverwaltung (zwischen EU und Mitgliedstaaten) als Leitmotiv der Strukturfondsförderung ist insoweit zentral, dass Art. 8 Verordnung (EU) 2021/1060 jenseits der Mehrebenenpartnerschaft zwischen Union und Mitgliedstaaten das partnerschaftliche Miteinander in den Mitgliedstaaten namentlich durch Einbeziehung der Wirtschafts- und Sozialpartner (sowie Behörden und ggfs. Forschungseinrichtungen und Hochschulen) einfordert. Dabei folgt diese Partnerschaft gem. Art. 8 Abs. 2 einem Bottom-up-Ansatz. Die Mitgliedstaaten binden die Partner in die Ausarbeitung der Partnerschaftsvereinbarung sowie während der gesamten Vorbereitung, Durchführung und Evaluierung der Programme ein, einschließlich der Teilnahme an den Begleitausschüssen gem. Art. 39 Verordnung (EU) 2021/1060.

Es sind also nicht zuletzt die Gewerkschaften, welche auf die inhaltliche Programmplanung Einfluss nehmen können. Und in diesem Zusammenhang gilt es jenseits des *politischen* Werbens für eine soziale und beschäftigungsorientierte Ausgestaltung der Programme nachdrücklich auf die hier entfalteten unions*rechtlichen* Zielstellungen und Vorgaben im Primär- und einschlägigen Sekundärrecht hinzuweisen. In besonderem Maße gilt dies für den dezidierten Auftrag einer sozialen Arrondierung des Transformationsprozesses nach dem JTF im Lichte von Art. 5 Abs. 1 UAbs. 2 Verordnung (EU) 2021/1060.

Literaturverzeichnis

Adam, Winfried, Die Kontrolldichte-Konzeption des EuGH und deutscher Gerichte, Baden-Baden 1993.

Bach, Albrecht, Wettbewerbsrechtliche Schranken für staatliche Maßnahmen nach europäischem Gemeinschaftsrecht, Tübingen 1992.

van Bael, Ivo, Discretionary Powers of the Commission and Their Legal Control in Trade and Antitrust Matters, in: Schwarze, Jürgen (Hrsg.), Discretionary powers of the Member States in the field of economic policies and their limits under the EEC Treaty, Baden-Baden 1988, 173–189.

Bangemann, Martin, Mut zum Dialog: Wege zu einer europäischen Industriepolitik, Stuttgart 1992.

Basedow, Jürgen, Von der deutschen zur europäischen Wirtschaftsverfassung, Walter Eucken Institut, Vorträge und Aufsätze Bd. 137, Tübingen 1992, 1–63.

Basedow, Jürgen, Zielkonflikte und Zielhierarchien im Vertrag über die Europäische Gemeinschaft, in: Due, Ole/Lutter, Marcus/Schwarze, Jürgen (Hrsg.), Festschrift für Ulrich Everling, Baden-Baden 1995, 49–68.

Beaucamp, Guy, Das Konzept der zukunftsfähigen Entwicklung im Recht, Tübingen 2002.

Behrens, Peter, Das Wirtschaftsrecht des europäischen Binnenmarktes – Ein Überblick, in: Jura 1989, 561–577.

Bock, Yves, Rechtsangleichung und Regulierung im Binnenmarkt, Baden-Baden 2005.

Börner, Bodo, Zur Vereinbarkeit des sogenannten Claes Plans mit dem EWG-Vertrag, in: Börner, Bodo/Neundörfer, Konrad (Hrsg.), Recht und Praxis der Beihilfen im Gemeinsamen Markt, Köln 1984, 137–153.

Börner, Bodo, Subventionen – Unrichtiges Europarecht?, in: Börner, Bodo/Jahrreiß, Hermann/Stern, Klaus (Hrsg.), Festschrift für Karl Carstens, Bd. I, Köln 1984, 63–80.

Calliess, Christian/Ruffert, Matthias (Hrsg.), EUV/AEUV, 6. Aufl., München 2022.

Canaris, Claus-Wilhelm, Die Feststellung von Lücken im Gesetz, 2. Aufl., Berlin 1983.

Cremer, Wolfram, Standardsetzung im Mehrebenensystem, in: Möllers, Thomas (Hrsg.), Geltung und Faktizität von Standards, Baden-Baden 2009, 261–288.

Cremer, Wolfram, Negative und positive Integration: Die Europäische Gemeinschaft als Sozial- und Bildungsunion, in: EuR-Beiheft 1/2007, 75–94.

Cremer, Wolfram, Forschungssubventionen im Lichte des EGV, Baden-Baden 1995.

von Danwitz, Thomas, Verwaltungsrechtliches System und Europäische Integration, Berlin 1996.

von Danwitz, Thomas, Europäisches Verwaltungsrecht, Berlin & Heidelberg 2008.

Dauses, Manfred, Die rechtliche Dimension des Binnenmarktes, in: EuZW 1990, 8–11.

Dauses, Manfred/Ludwigs, Markus (Hrsg.), Handbuch des EU-Wirtschaftsrechts, 61. Aufl., München 2024 (Stand: 09/2024).

Ehle, Dietrich/Meier, Gerd, EWG-Warenverkehr - Außenhandel - Zölle - Subventionen, Köln 1971.

Epiney, Astrid, Gemeinschaftsrechtlicher Umweltschutz und Verwirklichung des Binnenmarkts – „Harmonisierung" auch der Rechtsgrundlagen?, in: JZ 1992, 564–570.

Everling, Ulrich, Wirtschaftsverfassung und Richterrecht in der Europäischen Gemeinschaft, in: Immenga, Ulrich (Hrsg.), Festschrift für Ernst-Joachim Mestmäcker zum siebzigsten Geburtstag, Baden-Baden 1996, 365–381.

Fiebelkorn, Vera/Petzold, Hans, EU-Förderung in geteilter Verwaltung – am Beispiel der Europäischen Struktur- und Investitionsfonds, in: EuR 2020, 536–554.

Geiger, Rudolf/Khan, Daniel-Erasmus/Kotzur, Markus (Hrsg.), EUV/AEUV, 7. Aufl., München 2023.

Götz, Volkmar, Verfassungsschranken interventionistischer Regulierung nach europäischem Gemeinschaftsrecht im Vergleich mit dem Grundgesetz, in: JZ 1989, 1021–1024.

Götz, Volkmar, Recht der Wirtschaftssubventionen, München 1966.

Grabitz, Eberhard, Gemeinsamer Markt und nationale Subventionen, in: Magiera, Siegfried (Hrsg.), Entwicklungsperspektiven der Europäischen Gemeinschaft, Berlin 1985, 95–112.

Grabitz, Eberhard/Hilf, Meinhard/Nettesheim, Martin (Hrsg.), Das Recht der Europäischen Union, Bd. I, Loseblatt (83. EGL, 07/2024).

von Graevenitz, Albert, Mitteilungen, Leitlinien, Stellungnahmen – Soft Law der EU mit Lenkungswirkung, in: EuZW 2013, 169–173.

Gramlich, Ludwig, Die Wirtschafts- und Währungspolitik der Union, in: Niedobitek, Matthias (Hrsg.), Handbuch Europarecht, 2. Aufl., Berlin 2020.

von der Groeben, Hans/Schwarze, Jürgen/Hatje, Armin (Hrsg.), Europäisches Unionsrecht, Bd. I u. III, 7. Aufl., Baden-Baden 2015.

Hatje, Armin, The Economic Constitution within the Internal Market, in: von Bogdandy, Armin/ Bast, Jürgen (Hrsg.), Principles of European Constitutional Law, München 2010, 589–612.

Heidenhain, Martin (Hrsg.), European State Aid Law, München 2010.

Hoischen, Stefan, Die Beihilferegelung in Artikel 92 EWGV, Köln 1989.

Immenga, Ulrich, Wettbewerbspolitik contra Industriepolitik nach Maastricht, in: EuZW 1994, 14–18.

Ipsen, Hans Peter, Europäisches Gemeinschaftsrecht, Tübingen 1972.

Jestaedt, Thomas/Häsemeyer, Ulrike, Die Bindungswirkung von Gemeinschaftsrahmen und Leitlinien im EG-Beihilfenrecht, in: EuZW 1995, 787–792.

Knopf, Peter, Europarecht und kommunale Selbstverwaltung, in: DVBl 1980, 106–109.

König, Carsten, Zum Verfassungsrang der Grundfreiheiten und des europäischen Wettbewerbsrechts, in: EuR 2022, 48–73.

Kotzur, Markus, Die Ziele der Union: Verfassungsidentität und Gemeinschaftsidee, in: DÖV 2005, 313–321.

Larenz, Karl, Methodenlehre der Rechtswissenschaft, 6. Aufl., Berlin & Heidelberg 1991.

Lasok, Paul, State Aids and Remedies under the EEC-Treaty, in: ECLRev 7 (1986), 53–82.

Lefèvre, Dieter, Staatliche Ausfuhrförderung und das Verbot wettbewerbsverfälschender Beihilfen im EWG-Vertrag, Baden-Baden 1977.

Majone, Giandomenico, Deregulation or re-regulation? Policymaking in the European Community since the Single Act, Arbeitspapier, EUI SPS, 2/1993.

Mertens de Wilmars, Josse, in: Miscellanea W. J. Ganshof van der Meersch, Bd. II, Bruxelles & Paris: Bruylant & Librairie Generale de Droit 1972, 285–300.

Mestmäcker, Ernst-Joachim, Auf dem Wege zu einer Ordnungspolitik für Europa, in: ders./Möller, Hans/ Schwarz, Hans-Peter (Hrsg.), Festschrift für Hans von der Groeben zu seinem 80. Geburtstag, Baden-Baden 1987, 9–49.

Mestmäcker, Ernst-Joachim, Probleme der Rechtsstaatlichkeit im Zusammenhang mit der Industrie- und Subventionspolitik, in: Friedrich-Ebert-Stiftung (Hrsg.), Die Kontroverse um Maastricht: Eine neue Wirtschaftsverfassung für Europa?, Bonn 1992, 39–42.

Middeke, Andreas, Nationaler Umweltschutz im Binnenmarkt, Köln 1994.

Modlich, Joachim, Nationale Infrastrukturmaßnahmen und Artikel 92 Abs. 1 EGV, Köln 1996.

Mögele, Rudolf, Die Durchführung der EU-Förderpolitiken durch die Mitgliedstaaten im Spannungsfeld europäischen Verwaltungs- und Haushaltsrechts – ein Werkstattbericht aus der Praxis der europäischen Mehrebenenverwaltung, in: EuR 2016, 490–510.

Mortelmans, Kamiel, The Common Market, the Internal Market and the Single Market, what's in a Market?, in: Common Market Law Review 1998, 101–136.

Müller-Graff, Peter-Christian, Die wettbewerbsverfaßte Marktwirtschaft als gemeineuropäisches Verfassungsprinzip?, in: EuR 1997, 433–457.

Müller-Graff, Peter-Christian, Die Erscheinungsformen der Leistungssubventionstatbestände aus wirtschaftsrechtlicher Sicht, in: ZHR 152 (1988), 403–438.

Müller-Graff, Peter-Christian, Die Rechtsangleichung zur Verwirklichung des Binnenmarktes, in: EuR 1989, 107–151.

Müller-Graff, Peter-Christian, Die Verdichtung des Binnenmarktrechts zwischen Handlungsfreiheit und Sozialgestaltung, in: Armin Hatje (Hrsg.), Das Binnenmarktrecht als Daueraufgabe, EuR-Beiheft, 1/2002, 7–73.

Nielandt, Dörte, Das SGB III als Konfliktfeld von Sozial- und Wettbewerbsrecht, Berlin 2006.

Niemeyer, Hans-Jörg, Recent Developments in EC State Aid Law, in: EuZW 1993, 273–279.

Nowak, Carsten, Binnenmarktziel und Wirtschaftsverfassung der Europäischen Union vor und nach dem Reformvertrag von Lissabon, in: EuR Beiheft 1/2009, 129–192.

Ophüls, Carl Friedrich, Grundzüge europäischer Wirtschaftsverfassung, in: ZHR 124 (1962), 136–181.

Oppermann, Thomas, Europäische Wirtschaftsverfassung nach der Einheitlichen Europäischen Akte in: Müller-Graff, Peter-Christian/Zuleeg, Manfred (Hrsg.), Staat und Wirtschaft in der EG, Baden-Baden 1987, 53–71.

Pampel, Gunnar, Europäisches Wettbewerbsrecht Rechtsnatur und Rechtswirkungen von Mitteilungen der Kommission im europäischen Wettbewerbsrecht, in: EuZW 2005, 11–13.

Pescatore, Pierre, Die „Einheitliche Europäische Akte" – Eine ernste Gefahr für den Gemeinsamen Markt, in: EuR 1986, 153–169.

Petersmann, Ernst-Ulrich, Thesen zur Wirtschaftsverfassung der EG, in: EuZW 1993, 593–598.

Pühs, Wolfgang, Der Vollzug von Gemeinschaftsrecht, Berlin 1997.

Reich, Norbert, Binnenmarkt als Rechtsbegriff, in: EuZW 1991, 203–209.

Rengeling, Hans-Werner, Das Beihilferecht der Europäischen Gemeinschaften, in: Börner, Bodo/Neundörfer, Konrad (Hrsg.), Kölner Schriften zum Europarecht, Bd. 32, Köln 1984, 23–54.

Ruffert, Matthias, Die Wirtschaftsverfassung im Vertrag über eine Verfassung für Europa, Zentrum für Europäisches Wirtschaftsrecht, Vorträge und Berichte, Nr. 144, 2004, 1–38.

Scherer, Josef, Die Wirtschaftsverfassung der EWG, Schriftenreihe Europäische Wirtschaft, Bd. 50, Baden-Baden 1970.

Schwarze, Jürgen, Europäisches Verwaltungsrecht, 2. Aufl., Baden-Baden 2005.

Soltész, Ulrich, Europäisches „Soft Law" – Ein Wesen ohne Kuschelfaktor, in: EuZW 2013, 881–882.

Soltész, Ulrich/Makowski, Gösta, Die Nichtdurchsetzung von Forderungen der öffentlichen Hand als staatliche Beihilfe i. S. von Art. 87 I EG, in: EuZW 2003, 73–78.

Steindorff, Ernst, Gemeinsamer Markt als Binnenmarkt, in: ZHR 150 (1986), 687–704.

Streinz, Rudolf (Hrsg.), EUV/AEUV, 3. Aufl., München 2018.

Ullrich, Hanns, Internationalisierung der Wirtschaft, Jahrbuch für Neue Politische Ökonomie, 1990, 169–195.

VerLoren van Themaat, Pieter, Die Aufgabenverteilung zwischen dem Gesetzgeber und dem Europäischen Gerichtshof bei der Gestaltung der Wirtschaftsverfassung der Europäischen Gemeinschaften, in: Mestmäcker, Ernst-Joachim/Möller, Hans/Schwarz, Hans-Peter (Hrsg.), Festschrift für Hans von der Groeben zu seinem 80. Geburtstag, Baden-Baden 1987, 425–443.

Wagner, Matthias, Das Konzept der Mindestharmonisierung, Berlin 2001.

Weber, Ruth, Die Neuordnung der EU-Wirtschaftsverfassung durch Art. 122 AEUV?, in: AöR 149 (2024), 82–122.

In der Schriftenreihe des Hugo Sinzheimer Instituts für Arbeits- und Sozialrecht sind zuletzt erschienen:

Band 57 Olaf Deinert/Andreas Hofmann/Esra Özen/Philipp Thiel
Die soziale Dimension des Unionsrechts in der Rechtsprechung des EuGH
ISBN 978-3-7663-7589-6

Band 56 Reinhard Zimmer
Die Umsetzung und Weiterentwicklung des LkSG
ISBN 978-3-7663-7582-7

Band 55 Judith Brockmann/Felix Welti (Hrsg.)
Sozialrecht und Tarifbindung
ISBN 978-3-7663-7581-0

Band 54 Anneliese Kärcher/Manfred Walser
Durchsetzung von Arbeitsrecht – das Arbeitsschutzkontrollgesetz als Modell?
ISBN 978-3-7663-7579-7

Band 53 Olaf Deinert
Die konditionierte Allgemeinverbindlicherklärung
ISBN 978-3-7663-7399-1

Band 52 HSI
Gewerkschaftsrechte heute
ISBN 978-3-7663-7368-7

Band 51 Uwe Fuhrmann
Frauen in der Geschichte der Mitbestimmung – Pionierinnen in Betriebsräten, Gewerkschaft und Politik
ISBN 978-3-7663-7344-1

Band 50 Wolfram Cremer/Olaf Deinert
Fremdpersonalverbot in der Fleischwirtschaft auf dem Prüfstand des Verfassungsrechts
ISBN 978-3-7663-7367-0

Band 49 Wolfgang Däubler
Klimaschutz und Arbeitsrecht
ISBN 978-3-7663-7366-3

Band 48 Reingard Zimmer
Das Lieferkettensorgfaltspflichtengesetz
ISBN 978-3-7663-7312-0

Weitere Informationen zur Schriftenreihe:
www.hugo-sinzheimer-institut.de